확신있는
신앙생활을 위하여

(10대 확신 성경공부)

확신있는
신앙생활을 위하여
(10대 확신 성경공부)

초판1쇄 2020년 1월 31일

지은이_ 박승효

펴낸이_ 채주희

펴낸곳_ 엘맨출판사
서울특별시 마포구 신수동 448-6
TEL : 02-323-4060, 02-6401-7004
FAX : 02-323-6416
E-mail : elman1985@hanmail.net
www.elman.kr

출판등록 제 10호-1562(1985.10.29.)

값 11,500원

ISBN 978-89-5515-668-3(03230)

10대 확신 성경공부
(Ten assurances)

확신있는 신앙생활을 위하여

박 승 효 지음

| 머리말 |

배우고 확신한 일에 거하라

나폴레옹 힐은 "성공하는 사람들의 특징은 자기 확신이 강한 사람이다" 라고 말했습니다. 성공하는 사람들은 "나는 할 수 있다"(I can do)는 자기 확신이 있기 때문에 새로운 일에 쉽게 도전하고, 어떤 어려움이 찾아와도 절대 포기하지를 않습니다. 그러므로 자기 확신이 강한 사람이 성공할 가능성이 높습니다.

사도바울은 자기 확신이 강한 사람이었습니다. 그러므로 바울은 어떤 고난과 역경 속에서도 흔들리지 않고 끝까지 복음전파의 사명을 감당할 수가 있었던 것입니다. 바울은 그의 제자 디모데에게 보낸 편지에서 "너는 배우고 확신한 일에 거하라"(딤후3:14)고 당부했습니다. 바울은 디모데가 확신을 가지고 사역할 때 좋은 결실을 기대했던 것입니다.

성도들 중에는 확신을 가지고 신앙생활을 하는 사람과 확신이 없이 신앙생활을 하는 사람이 있습니다. 그런데, 제가 목회하면서 지켜본 결과 확신을 가지고 신앙생활을 하는 성도들의 믿음이 더 빨리 성장하고, 더 빨리 성숙해졌습니다. 따라서 저는 성도들에게 핵심적인 성경말씀을 가르치고 그 말씀을 토대로 확신을 심어주는 일의 필요성을 절감(切感)하게 되었습니다.

저는 "너는 배우고 확신한 일에 거하라"(딤후3:14)는 바울의 가르침을 목회에 적용하기 위해 고민하던 중에 성도들에게 꼭 필요한 "10가지 확신"에 관한 말씀을 성경에서 찾아서 설교했습니다. 그리고 설교를 마친 후에 설교문을 토대로 "확신있는 신앙생활을 위하여"라는 소그룹 성경공부 교재를 만들었습니다. 그리고, 이 교재로 성도들을 가르치고 양육했습니다. 저는 이 성경공부 교재가 성도들로 하여금 배우고 확신한 일에 거하게 하고, 확신있는 신앙생활을 펼쳐가는데 도움이 될 것을 확신합니다.

2019년 11월 11일

사도들교회 목양실에서

박 승 효 목사

확신 있는 신앙인을 세우는 안내서

오늘날 많은 성경공부 교재가 출판되어 있습니다. 하지만, 막상 서점에 가면 성도들을 양육하기에 적합한 성경공부 교재를 발견하기 쉽지 않습니다. 그러나 금번 박승효목사님께서 성도들을 가르치고 훈련하는데 아주 좋은 "확신 있는 신앙생활을 위하여"(10대 확신 성경공부)라는 성경공부 교재를 집필해서 출판하게 되었습니다.

박승효 목사님은 20여 년 동안 목회 현장에서 성도들에게 성경을 가르쳤고, 제자훈련을 실시했습니다. 그리고 양육과 훈련의 경험을 바탕으로 이 교재를 집필했기에 이 성경공부 교재가 성도들을 양육하기에 좋은 교재입니다.

성경에는 확신에 관한 말씀들이 많이 들어 있습니다. 하지만, 한국교회 성도들은 "구원의 확신"에 대해서는 관심이 많은 반면 다른 확신에 대해서는 관심이 적습니다. 이런 상황에서 박승효 목사님께서 집필한 "확신 있는 신앙생활을 위하여"는 성도들에게 10가지 확신을 품게 하는데 좋은 안내서가 될 것을 기대합니다.

이 교재는 각 과별로 서론에서 좋은 예화를 제시합니다. 그리고, 본론에서는 확신 성경구절에 기초해서 3가지 내용을 전개해 나갑니다. 특별히 이 부분은 중요한 단어를 빈 칸으로 남겨둠으로 성도들이 참여할 수 있게 만들었습니다. 이제 배운 말씀을 소그룹 회원들과 나눌 수 있도록 다양한 질문을 제공하는 등 알차게 구성되어 있습니다.

현재, 박승효 목사님은 사도들교회에서 목회하는 동시에 새인천지방 감리사로 사역하고 있어서 많이 분주할 텐데, 그럼에도 불구하고 성도들을 말씀으로 양육하는데 비전을 두고 "확신 있는 신앙생활을 위하여"(10대 확신 성경공부) 교재를 집필했습니다. 저는 이 성경공부 교재가 성도들을 확신 있는 신앙인으로 세워 가는데 도움이 될 것을 확신하면서 이 교재를 추천하는 바입니다.

2020년 1월 22일

기독교대한감리회 중부연회

박 명 홍 감독

| 차 례 |

"내가 진실로 진실로 너희에게 이르노니 내 말을 듣고
또 나 보내신 이를 믿는 자는 영생을 얻었고
심판에 이르지 아니하나니 사망에서 생명으로 옮겼느니라"

(요한복음 5장 24절)

1과

구원을 확신하라

		구원		
		사죄		
말씀	기도	믿음	복	승리
		인도		
		변화		
		사명		

1. 구원을 확신하라

'뱀잡이수리'라는 새는 독수리 과에 속하는 새입니다.

뱀잡이수리가 좋아하는 먹잇감은 뱀인데, 하늘을 날아가다가 뱀을 발견하면 쏜살같이 내려와서 뱀을 잡아 먹습니다. 그런데, 뱀을 잡아 먹다가 사자 같은 맹수에게 공격을 당하면 뱀잡이수리는 하늘로 날아오르지 않고, 열심히 달음박질을 하다가 맹수에게 잡혀먹을 때가 많습니다.

뱀잡이수리가 위기의 상황에서 공중으로 날아오르지 않고 달음박질을 하다가 죽게 되는 이유가 뭔지 아십니까? 그것은 너무나도 당황한 나머지 자기가 날 수 있다는 사실을 잊어버렸기 때문입니다. 참으로 어처구니가 없는 일입니다.

교인 중에도 뱀잡이수리와 같은 사람이 있습니다. 자기가 구원받은 하나님의 자녀인 것이 분명함에도 불구하고 자기가 구원받았다는 사실을 잊어버리는 교인이 바로 그런 사람입니다.

예수님을 믿으면서도 구원을 확신하지 못하는 이유는 구원에 대해서 잘못된 생각을 갖고 있기 때문입니다. 이런 교인들은 구원이 행위로 얻어진다고 생각합니다. 그러므로 "나는 구원받을 만한 믿음이 없고, 특별한 체험도 없기 때문에 아직 구원받지 못했다"고 생각하는 것입니다. 그러므로 "구원의 확신"을 갖기 위해서는 구원에 대해서 올바로 배우는 것이 필요합니다.

우리가 구원받았다는 것은 3가지 증거를 통해서 알 수 있습니다.

1. 성령의 내적 증거

1) ____________ 께서 내 안에 계시다는 것을 확신하십시오.

고린도전서 12:3

"그러므로 내가 너희에게 알리노니 하나님의 영으로 말하는 자는 누구든지 예수를 저주할 자라 하지 아니하고 또 성령으로 아니하고는 누구든지 예수를 주시라 할 수 없느니라"

구원받은 성도에게 나타나는 첫 번째 증거는 성령께서 내 안에 계시다는 것입니다. 바울은 고린도교회 성도들에게 보낸 편지에서 "성령으로 아니하고는 누구든지 예수를 주시라고 할 수 없다"고 말했습니다. 로마시대에는 로마 황제를 주(主)로 섬겼습니다. 따라서 황제 외에 다른 이에게 주(主)라는 칭호를 사용한다는 것은 대단히 위험한 일이었습니다. 따라서 바울은 이런 상황에서 예수를 주(主)라고 고백하는 것은 "성령의 역사"라고 말했습니다. 지금 우리가 예수님을 주님으로 믿고 고백한다면 그것은 우리 안에 성령님이 계시다는 증거입니다.

2) ______________의 인도하심을 받게 됨을 확신하십시오.

로마서 8:14

"무릇 하나님의 영으로 인도함을 받는 사람은 곧 하나님의 아들이라"

바울은 하나님의 영으로 인도함을 받는 사람, 다시 말해서 성령으로 인도함을 받는 사람은 하나님의 아들이라고 말합니다. 그러므로 내가 지금 성령의 인도하심을 받고 있다고 느껴진다면 그것이 바로 내가 하나님의 아들이라는 증거입니다.

나눔을 위한 질문

(1) 당신은 성령께서 당신 안에 계시다는 것을 믿습니까? 그렇다면 그 증거가 무엇이라고 생각하는지를 나누어 보세요.

2. 삶의 변화

1) 예수님을 믿고 구원받게 되면 ______________가 달라집니다.

로마서 8:5

"육신을 따르는 자는 육신의 일을, 영을 따르는 자는 영의 일을 생각하나니"

바울은 "육신을 따르는 자는 육신의 일을 생각하고, 영을 따르는 자는 영의 일을 생각한다"고 말했습니다. 이 말은 사람이 자기의 관심에 따라서 인생을 살게 된다는 말입니다. 구원을 받기 전에는 육신적인 일과 세상적인 일을 좋아했던 사람이 구원을 받은 후로는 영적인 일에 관심을 갖게 됩니다. 그래서 교회에 가는 것이 즐겁고, 성경을 읽게 되고, 찬양하게 되고 기도하게 되는 것입니다. 그러므로 영적인 일에 관심이 있다는 것은 내가 구원받았다는 증거입니다.

2) 예수님을 믿고 구원받게 되면 ____________이 변화됩니다.

갈라디아서 5:22-23

"오직 성령의 열매는 사랑과 희락과 화평과 오래참음과 자비와 양선과 충성과 온유와 절제니 이같은 것을 금지할 법이 없느니라"

구원을 받게 되면 사랑이 없던 사람이 사랑의 사람이 됩니다. 기쁨이 없던 사람이 기쁨의 사람이 됩니다. 인내하지 못했던 사람이 인내의 사람이 됩니다. 온유하지 않던 사람이 온유의 사람이 됩니다. 왜냐하면 성령께서 그 사람의 성품을 변화시켜 주기 때문입니다. 그러므로 예수님을 믿고서 나에게 변화된 것이 있다면 그것이 곧 구원받은 증거입니다.

나눔을 위한 질문

(1) 당신은 예수님을 믿은 이후로 삶이 얼마나 변화되었습니까? 예수님을 믿은 이후로 당신이 가장 많이 달라진 것이 무엇인지를 나누어 보세요.

3. 하나님의 말씀

1) 구원의 확신의 근거를 하나님의 ______________에 두십시오.

요한복음 5:24

"내가 진실로 진실로 너희에게 이르노니 내 말을 듣고 또 나 보내신 이를 믿는 자는 영생을 얻었고 심판에 이르지 아니하나니 사망에서 생명으로 옮겼느니라"

예수님은 제자들에게 구원을 받기 위해서 필요한 것을 두 가지로 가르쳐 주었습니다. 첫째는 예수님의 말씀을 듣는 것이고, 둘째는 나를 보내신 하나님을 믿는 것입니다.

2) 말씀은 ______________입니다.

요한복음 6:63

"살리는 것은 영이니 육은 무익하니라 내가 너희에게 이른 말은 영이요 생명이라"

예수님은 내가 너희에게 이르는 말이 곧 "생명"이라고 말했습니다. 그러므로 우리는 예수님의 말씀을 들을 때에 생명을 얻게 됩니다.

3) 예수 그리스도를 통하여 ________________께로 갈 수가 있습니다.

요한복음 14:6

"예수께서 이르시되 내가 곧 길이요 진리요 생명이니 나로 말미암지 않고는 아버지께로 올 자가 없느니라"

예수님은 우리가 하나님께로 갈 수 있는 유일한 길입니다. 예수님은 변함이 없는 진리입니다. 예수님의 말씀은 우리를 하나님께로 인도하는 생명입니다. 그러므로 우리는 예수 그리스도를 통하여 하늘나라에 계신 하나님께로 갈 수가 있습니다.

※참고 예수님의 말씀을 듣고 하나님을 믿는 자에게 주는 세 가지 약속

요한복음 5:24

"내가 진실로 진실로 너희에게 이르노니 내 말을 듣고 또 나 보내신 이를 믿는 자는 영생을 얻었고 심판에 이르지 아니하나니 사망에서 생명으로 옮겼느니라"

(1) (   )을 얻습니다.

성도들은 죽은 후에 영생을 얻는 줄로 생각합니다. 그러나 성경은 믿는 바로 그 순간에 영생을 얻는다고 약속합니다. 그러므로 내가 예수님을 하나님의 아들이요, 구원자로 믿고 영접하는 바로 그 순간에 영생을 얻게 됨을 확신하십시오.

(2) (   )에 이르지 않습니다.

"심판에 이르지 아니하나니"라는 이 말씀은 미래형으로 되어 있습니다. 다시 말해서 우리가 예수님을 믿게 되면 심판의 날에 심판을 받지 않게 된다는 것입니다. 그러므로 심판에 이르지 않게 됨을 확신하십시오.

(3) (   )에서 (   )으로 옮겨집니다.

이 말씀은 과거에 죽었던 이가 예수 그리스도를 믿음으로 "사망에서 생명으로" 옮겨졌다는 말입니다. 그러므로 죽을 수밖에 없었던 사람이 예수를 믿을 때에 생명으로 옮겨진다는 것을 확신하십시오.

나눔을 위한 질문

(1) 당신이 가장 좋아하는 성경구절은 어떤 성경구절입니까? 당신이 이 성경구절을 가장 좋아하는 이유를 나누어 보세요.

적용하기 구원받은 성도에게 필요한 것

구원은 성도들에게 무엇과도 비교할 수 없는 기쁨이요 즐거움입니다. 그런데, 하나님의 뜻은 하나님의 자녀인 우리들이 구원의 기쁨과 감격을 누리며 살아가는 것입니다. 또한 구원의 견고함을 확신하며 살아가는 것입니다. 이러한 삶을 살기 위해서는 다음과 같은 자세가 필요합니다.

(1) 구원의 하나님을 (   )하십시오.

이사야 12:2

"보라 하나님은 나의 구원이시라 내가 신뢰하고 두려움이 없으리니 주 여호와는 나의 힘이시며 나의 노래시며 나의 구원이심이라"

(2) 구원의 (   )과 (   )을 누리며 사십시오.

이사야 12:3

"그러므로 너희가 기쁨으로 구원의 우물들에서 물을 길으리로다"

(3) 구원의 (   )을 확신하며 누리십시오.

요한복음 10:27-29

"내 양은 내 음성을 들으며 나는 그들을 알며 그들은 나를 따르느니라 내가 그들에게 영생을 주노니 영원히 멸망하지 아니할 것이요 또 그들을 내 손에서 빼앗을 자가 없느니라 그들을 주신 내 아버지는 만물보다 크시매 아무도 아버지 손에서 빼앗을 수 없느니라"

결단과 기도

(1) 당신은 구원받았다는 것을 확신합니까? 확신한다면 세 가지 구원의 증거 중에서 당신은 무엇을 근거로 구원을 확신하는지 나누어 보세요.

(2) 당신은 구원을 확신합니까? 그렇다면 당신이 앞으로 구원을 확신하는 삶을 살기 위해서 결심한 것이 무엇인지를 나누어 보세요.

"만일 우리가 우리 죄를 자백하면
그는 미쁘시고 의로우사 우리 죄를 사하시며
우리를 모든 불의에서 깨끗하게 하실 것이요"

(요한일서 1장 9절)

2과

사죄를 확신하라

2. 사죄를 확신하라

어느 날 베드로가 예수님께 다음과 같은 질문을 했습니다.

"주여! 형제가 내게 죄를 범하면 몇 번이나 용서하여 주리이까 일곱 번까지 하오리이까?"(마18:21)

이때 예수님께서 "일곱 번 뿐 아니라 일곱 번을 일흔 번까지라도 할지니라"(마18:22)고 말씀하셨습니다.

이 말씀은 490번을 용서하라는 뜻이 아닙니다. 이 말씀은 끊임없이 용서하고 은혜를 베풀라는 뜻입니다. 예수님은 "일곱 번을 일흔 번까지라도 할지니라"고 말씀하신 후에 일만 달란트의 빚을 탕감 받은 종의 이야기를 비유로 말씀해 주셨습니다. 이 비유는 일만 달란트의 빚을 탕감 받은 종이 다름 아닌 우리들임을 말해줍니다. 따라서 이 비유를 묵상해보면 용서에 대한 하나님의 마음과 뜻을 깨닫게 됩니다. 일만 달란트는 지금의 화폐로 계산하면 6조원의 값어치가 나가는 엄청나게 큰 돈입니다. 그러므로 일만 달란트의 빚을 탕감 받았다는 것은 그야말로 엄청난 은혜를 입은 것입니다.

하나님은 우리의 힘으로는 도저히 해결할 수 없는 "죄의 문제"를 해결해 주셨습니다. 요한일서 1장9절은 죄의 문제를 해결 받는 방법을 가르쳐줌과 동시에 사죄를 확신케 하는 아주 중요한 말씀입니다.

사죄를 확신하는 사람에게는 세 가지 특징이 있습니다.

1. 죄를 회개합니다.

1) 죄는 희랍어로 ____________________ 입니다.

하마르티아는 화살이 "과녁에서 벗어난다"는 뜻입니다. 화살은 과녁을 향해 날아가서 과녁에 꽂혀야 합니다. 그런데, 화살이 과녁으로 날아가지 않고 엉뚱한 곳으로 벗어날 때 이것을 "하마르티아"(죄)라고 부릅니다. 하나님의 자녀들이 하나님의 말씀과 명령에서 벗어나게 될 때 이것이 바로 "하마르티아"(죄)가 됩니다.

2) 자기 소견에 옳은 대로 행하는 것이 ______________ 입니다.

사사기 17:8

"그 때에는 이스라엘에 왕이 없었으므로 사람마다 자기 소견에 옳은 대로 행하였더라"

사사시대가 죄로 뒤범벅될 수밖에 없었던 것은 사람마다 자기 소견에 옳은 대로 행동했기 때문입니다. 다시 말해서 자기 멋대로 행동했기 때문입니다. 이렇게 하면 하나님의 뜻에서 벗어나게 됩니다.

에덴동산에서 아담과 하와가 선악과를 따먹은 것은 그들이 하나님의 명령을 따르지 않고 자기 소견에 옳은 대로 행동하는 모습입니다.

3) 죄는 하나님과 우리들의 ________________를 끊어 버립니다.

로마서 6:23

"죄의 삯은 사망이요 하나님의 은사는 그리스도 예수 우리 주 안에 있는 영생이니라"

하나님과 우리들 사이에는 "관계의 끈"과 "교제의 끈"이라는 두 개의 끈으로 연결되어 있습니다. 아담과 하와가 하나님의 명령을 어기고 선악과를 따먹는 죄를 범했을 때 그들은 에덴동산에서 추방되었고, 하나님과의 관계의 끈이 끊어지게 되었습니다.

바울은 "죄의 값은 사망"(롬6:23)이라고 말했는데, 이것은 우리가 하나님과의 관계가 끊어졌을 때 영적 사망에 이르게 됨을 말해 줍니다.

4) 죄를 해결하는 방법은 ________________하는 것입니다.

요한일서 1:9

"만일 우리가 우리 죄를 자백하면 그는 미쁘시고 의로우사 우리 죄를 사하시며 우리를 모든 불의에서 깨끗하게 하실 것이요"

성경은 우리가 우리의 죄를 자백하면 하나님께서 우리의 죄를 용서해주신다고 분명히 약속하고 있습니다. 그러므로 사죄를 확신하는 사람은 이 약속의 말씀을 믿고 죄를 회개해야 합니다.

※참고 회개란 무엇입니까?

에스겔 18:21

"그러나 악인이 만일 그가 행한 모든 죄에서 돌이켜 떠나 내 모든 율례를 지키고 정의와 공의를 행하면 반드시 살고 죽지 아니할 것이라"

(1) 회개는 (   ) 것입니다.

(2) 회개는 (   ) 것입니다.

(3) 회개는 (   ) 것입니다.

나눔을 위한 질문

(1) 당신이 오랫동안 고민했던 죄는 어떤 죄이고, 당신이 가장 진지하게 죄를 회개한 것은 언제입니까?

2. 죄사함을 믿습니다.

1) 아담과 하와가 지은 죄를 ______________라고 부릅니다.

로마서 5:12

"그러므로 한 사람으로 말미암아 죄가 세상에 들어오고 죄로 말미암아 사망이 들어왔나니 이와같이 모든 사람이 죄를 지었으므로 사망이 모든 사람에게 이르렀느니라"

바울은 아담 한 사람의 죄 때문에 모든 사람이 죄인이 되었고, 아담 한 사람의 죄 때문에 모든 사람이 사망에 이르게 되었다고 증거합니다. 그러므로 죄는 하나님과 인간의 관계를 파괴합니다.

아담과 하와가 지은 죄를 "원죄"(original sin)라고 부릅니다. 이 원죄는 하나님처럼 되려는 인간의 교만에서 나온 것이며, 자기 멋대로 하려는 잘못된 생각에서 나온 것입니다.

2) 구약의 제사는 죄를 ____________ 용서하는 능력이 있습니다.

히브리서 9:13

"암소와 황소의 피와 및 암송아지의 재를 부정한 자에게 뿌려 그 육체를 정결하게 하여 거룩하게 하거든"

구약의 제사란 "내가 지은 죄를 사함받기 위하여 나를 대신하여 제물을 죽여서 하나님께 바치는 것"입니다. 그러면 하나님께서 그 제물을 받으시고, 나의 죄를 용서해 주십니다. 이와같이 구약의 제사는 죄를 용서하는 능력이 있으나 딱 한 번 밖에는 효력이 없기 때문에 불완전한 제사입니다.

3) 예수님이 드린 제사는 죄를 __________________ 용서하는 능력이 있습니다.

로마서 5:18

"그런즉 한 범죄로 많은 사람이 정죄에 이른 것 같이 한 의로운 행위로 말미암아 많은 사람이 의롭다 하심을 받아 생명에 이르렀느니라"

예수님께서 이 땅에 오셔서 모든 사람의 죄를 대신하여 십자가에 달려 돌아가심으로 말미암아 우리에게 "사망에서 생명으로" 나아갈 수 있는 길을 열어주셨습니다. 그러므로 예수님의 십자가와 예수님의 피를 믿고 의지할 때 우리는 죄사함을 받게 됩니다.

4) 죄를 회개할 때 ________________을 받게 됩니다.

요한일서 1:9

"만일 우리가 우리 죄를 자백하면 그는 미쁘시고 의로우사 우리 죄를 사하시며 우리를 모든 불의에서 깨끗하게 하실 것이요"

이사야 1:18

"여호와께서 말씀하시되 오라 우리가 서로 변론하자 너희의 죄가 주홍 같을 지라도 눈과 같이 희어질 것이요 진홍같이 붉을지라도 양털같이 희게 되리라"

우리가 우리의 죄를 회개할 때 하나님께서 주홍 같은 죄를 눈같이 희게 해주시고, 진홍같이 붉은 죄를 양털같이 희게 해 주심을 약속해 주셨습니다. 그러므로 이 약속의 말씀을 믿고 회개할 때 우리는 죄사함을 받게 됩니다.

나눔을 위한 질문

(1) 당신에게 원죄(죄성)가 있음을 믿습니까? 당신이 원죄(죄성)의 지배를 받고 있다고 느껴졌던 때가 언제인지 생각해 보고 나누어 보세요.

3. 죄씻음을 믿습니다.

우리가 예수님을 믿은 후에 짓게 되는 죄를 "자범죄"(自犯罪)라고 부릅니다. 우리는 예수님을 믿으면서 또 다시 '자범죄'를 짓습니다. 당신은 죄책감에 시달리고 있지 않습니까? 과거의 죄를 다시 짓게 되어서 괴롭지 않습니까? 우리는 구원을 받았지만 그럼에도 불구하고 여전히 죄를 지을 수밖에 없는 연약한 존재입니다. 그렇다면 이 자범죄를 어떻게 해결 받을 수 있을까요?

1) 우리는 자범죄를 ______________를 통해 용서받게 됩니다.

요한일서 1:9

"만일 우리가 우리 죄를 자백하면 그는 미쁘시고 의로우사 우리 죄를 사하시며 우리를 모든 불의에서 깨끗하게 하실 것이요"

우리는 "원죄"(Original Sin)를 예수님을 믿고 회개함으로 용서받을 수 있습니다. 그리고, 예수님을 믿은 후에 짓게 되는 자범죄도 회개함으로 용서받을 수 있습니다.

우리가 예수님을 믿기 이전에 가지고 있던 원죄를 용서받는 것을 "죄사함"이라고 말한다면, 우리가 믿은 이후에 지은 자범죄를 용서받는 것은 "죄씻음"이라고 말할 수 있습니다. 죄사함을 받은 사람도 계속해서 죄씻음을 받아야 합니다.

2) 우리는 하나님의 ______________과 ______________ 때문에 계속적으로 죄를 용서받을 수 있습니다.

요한일서 1:9

"만일 우리가 우리 죄를 자백하면 그는 미쁘시고 의로우사 우리 죄를 사하시며 우리를 모든 불의에서 깨끗하게 하실 것이요"

하나님은 "미쁘시고 의로우신 분"입니다. '미쁘시다'는 말씀은 하나님의 성품을 말하는 것으로 믿을만한 분이라는 뜻입니다. '의로우시다'는 말씀은 하나님의 속성을 말하는 것으로 하나님은 우리의 행위 때문에 용서하는 것이 아니라 예수님의 십자가의 공로 때문에 용서해주신다는 뜻입니다. 그러므로 우리가 회개할 때 미쁘시고 의로우신 하나님께서 반드시 용서해 주십니다.

3) 우리가 죄와 세상과 마귀를 이기려면 ____________을 따라 살아야 합니다.

갈라디아서 5:16-17

"내가 이르노니 너희는 성령을 따라 행하라 그리하면 육체의 욕심을 이루지 아니하리라 육체의 소욕은 성령을 거스르고 성령은 육체를 거스르나니 이 둘이 서로 대적함으로 너희가 원하는 것을 하지 못하게 하려 함이니라"

우리가 죄를 안 지으려고 노력하는 것과 성령을 따라 살려고 노력하는 것과 이 둘 중에서 어떤 것이 더 유익할까요? 성령을 따라 살기 위해 노력하는 것이 더 유익할 것입니다.

그러므로 우리는 매일 성령을 따라 살기 위해 노력해야 합니다. 이를 위해서는 날마다 성령을 의지해야 합니다.

나눔을 위한 질문

(1) 당신은 날마다 성령님을 의지하고 있습니까? 당신이 성령님을 의지하는 삶을 살기 위해서 어떤 노력을 하고 있는지 나누어 보세요.

적용하기 사죄를 확신하는 자에게 필요한 것

(1) (   ) 죄를 회개하십시오.

요한일서 1:8

"만일 우리가 죄가 없다고 말하면 스스로 속이고 또 진리가 우리 속에 있지 아니할 것이요"

구원받은 성도라고 해서 죄를 안 짓는 것이 아닙니다. 우리는 죄인이기 때문에 구원받은 이후에도 여전히 죄를 짓게 됩니다. 그러므로 매일 자신의 삶을 돌이켜 보면서 죄를 회개해야 합니다.

(2) (   )에서 벗어나십시오.

히브리서 10:17

"또 그들의 죄와 그들의 불법을 내가 다시 기억하지 아니하리라 하셨으니"

하나님께서는 우리가 죄를 회개할 때 그 죄를 기억도 하지 않겠다고 약속해 주셨습니다. 그러므로 그 죄로 인하여 죄책감을 갖는 것은 어리석은 일입니다.

(3) 죄를 짓지 않기 위해서 ( )하십시오.

데살로니가전서 5:16-18

"항상 기뻐하라 쉬지 말고 기도하라 범사에 감사하라 이것이 그리스도 예수 안에서 너희를 향하신 하나님의 뜻이니라"

구원받은 성도들은 구원받은 이후에 죄를 짓지 않기 위해서 노력해야 합니다. 죄를 회개하기만 하면 언제든지 용서받을 수 있다는 안이함으로 죄를 되풀이 하는 것은 바람직하지 않습니다.

(4) ( )을 따라 행하십시오.

갈라디아서 5:16

"내가 이르노니 너희는 성령을 따라 행하라 그리하면 육체의 욕심을 이루지 아니하리라"

우리가 제아무리 죄를 짓지 않기 위해서 노력한다 해도 우리의 의지와 노력만으로는 죄의 유혹을 이기기가 어렵습니다. 그러나 우리가 성령의 인도하심을 따라 살아간다면 성령께서 죄를 이기고 승리할 수 있는 능력을 주실 것입니다.

결단과 기도

(1) 당신은 사죄를 확신합니까? 확신한다면 당신은 무엇을 근거로 사죄를 확신하는 지를 나누어 보세요.

(2) 당신은 사죄를 확신합니까? 그렇다면, 당신이 앞으로 사죄를 확신하는 삶을 살기 위해서 결심한 것이 무엇인지를 나누어 보세요.

"모든 성경은 하나님의 감동으로 된 것으로
교훈과 책망과 바르게 함과 의로 교육하기에 유익하니
이는 하나님의 사람으로 온전하게 하며
모든 선한 일을 행할 능력을 갖추게 하려 함이라"

(디모데후서 3장 16-17절)

3과

말씀의 능력을 확신하라

		구원		
		사죄		
말씀	기도	믿음	복	승리
		인도		
		변화		
		사명		

3. 말씀의 능력을 확신하라

개그우먼 조혜련 집사님은 5년 전에 기독교로 개종을 했습니다.

기독교로 개종하기 전에 조혜련 집사님은 "성경이 이스라엘의 역사인데, 내가 왜 성경을 읽어야 하느냐?"라고 생각하면서 성경책을 전혀 읽지 않았고 성경에 대해서 전혀 관심이 없었던 사람입니다. 주변에서 집사님을 열심히 전도하는 사람들이 있었지만, 집사님은 전혀 흔들리지를 않았습니다.

그러던 중에 조혜련 집사님은 "딱 한 번만 교회에 가보자"는 남편의 권유로 5년 전에 처음 교회를 나가게 되었습니다. 그런데, 그날 조혜련 집사님은 "아 하나님의 은혜로 이 쓸데없는 자"라는 찬양을 들으면서 가슴이 뭉클해지는 은혜를 체험했습니다. 조혜련 집사님은 이것을 어떤 "영적 기운"으로 느끼기 시작했고, 하나님께서 정말로 살아 계시다는 믿음을 갖게 되었습니다. 그러면서 딱 한 번만 교회에 가겠다던 결심을 깨고 계속 교회를 다니게 되었습니다.

집사님은 초신자 때부터 성경책을 열심히 통독했습니다. 처음에는 성경 말씀이 무슨 뜻인지 몰랐지만, 그럼에도 불구하고 매일 성경 말씀을 통독했습니다. 특별히 집사님은 매일 성경을 5장씩 낭송하고 그것을 녹음해서 카톡방에 올리고, 믿음의 사람들과 카톡방을 공유하면서 성경통독을 실천했습니다. 이런 열정적인 성경통독에 힘 입어 예수님을 믿은 지 5년 만에 집사님은 신구약 성경책을 20번이나 통독하게 되었고, 집사님은 성경을 통독하면 할수록 점점 더 말씀의 능력을 깨닫게 되었으며 믿음도 성장했습니다.

집사님이 기독교로 개종하고 열심히 신앙생활을 할 때 가족들에게도 놀라운 변화가 일어났습니다. 다른 종교에 열심을 품고 있던 어머님도 기독교로 개종하여 열심히 성경을 통독하게 되었고, 기독교를 반대하던 언니와 남동생도 기독교로 개종하여 열심히 신앙생활을 하게 되었습니다. 집사님은 이 놀라운 일들을 경험하면서 말씀의 능력이 얼마나 대단한지를 확신하게 되었습니다.

이 시간에는 말씀의 능력에 대해서 말씀을 나누겠습니다.

1. 마음에 감동을 줍니다.

1) 모든 성경은 하나님의 ________________으로 기록되었습니다.

디모데후서 3:16

"모든 성경은 하나님의 감동으로 된 것으로 교훈과 책망과 바르게 함과 의로 교육하기에 유익하니"

성경은 1600년 동안 40여명의 사람들에 의해서 기록되었습니다. 하지만, 성경의 원래 저자는 하나님이십니다. 따라서 성경을 기록한 사람들은 하나님께서 감동을 주셔서 성경을 기록했기 때문에 성경을 읽거나 듣거나 배울 때 그 말씀이 마음에 감동을 전해줍니다.

2) 성경을 읽거나 들을 때 성령께서 주시는 감동을 __________ 하십시오.

디모데후서 3:16

"모든 성경은 하나님의 감동으로 된 것으로 교훈과 책망과 바르게 함과 의로 교육하기에 유익하니"

모든 성경은 하나님의 감동으로 기록된 책이기 때문에 말씀을 들을 때 하나님께서 듣는 사람의 마음에도 감동을 주십니다. 그러므로 성경을 읽거나 들을 때 성령께서 주시는 감동을 기대하고 사모해야 합니다.

3) 성령을 받은 베드로가 나가서 말씀을 전할 때 말씀을 듣는 사람들이 마음에 ______________을 받았습니다.

사도행전 2:37

"그들이 이 말을 듣고 마음에 찔려 베드로와 다른 사도들에게 물어 이르되 형제들아 우리가 어찌할꼬 하거늘"

베드로의 설교를 들은 유대인들은 "마음에 찔림"을 받았습니다. 이 말씀은 그들이 마음에 감동을 받았다는 뜻입니다. 그들은 베드로의 말씀을 들으면서 자기들이 지은 죄에 대한 죄책감을 느끼게 되었습니다. 따라서 그들은 베드로에게 "우리가 어찌할꼬?"라고 질문을 던진 것입니다. 그러므로 우리도 말씀을 들을 때에 이런 감동을 받아야 합니다.

나눔을 위한 질문

(1) 당신이 말씀을 읽거나 말씀을 들을 때에 크게 감동을 받은 때가 언제인지를 생각해 보고 나누어 보세요.

2. 영적으로 무장시켜 줍니다.

1) 성경 말씀에는 성도들을 영적으로 성장시켜주는 __________ 이 있습니다.

디모데후서 3:16

"모든 성경은 하나님의 감동으로 된 것으로 교훈과 책망과 바르게 함과 의로 교육하기에 유익하니"

모든 성경은 하나님의 감동으로 기록되었기 때문에 진리를 가르쳐 주며, 삶 가운데 무엇이 잘못되었는지 알게 해 줍니다. 또한 그 잘못을 바르게 잡아주고 의롭게 사는 법을 가르쳐 줍니다. 이것은 성경 말씀에는 성도들의 신앙을 영적으로 성장시켜주는 능력이 있음을 보여주는 것입니다. 그러므로 말씀이 선포될 때 말씀에 집중해야 합니다.

※참고 우리교회에서 진행하는 말씀 훈련

(1) 첫째, (   )

우리교회에 등록하면 새가족반 교육을 받습니다.

(2) 둘째, (   )

우리교회는 등록교인들을 대상으로 성경공부 과정을 진행합니다.

(3) 셋째, (   )

우리교회는 성도들을 사역자로 세우기 위해서 제자훈련을 진행합니다.

(4) 넷째, (   )

우리교회는 소그룹 리더들을 양육하기 위해서 리더훈련을 진행합니다.

2) 예수님은 공생애 기간 중에 12명의 제자들을 영적으로 ____________________ 시켜 주셨습니다.

마가복음 3:14-15

"이에 열둘을 세우셨으니 이는 자기와 함께 있게 하시고 또 보내사 전도도 하며 귀신을 내쫓는 권능도 가지게 하려 하심이러라"

예수님은 공생애 기간 동안 12명의 제자들을 선택하여 훈련했습니다. 예수님은 제자들과 함께 살면서 말씀을 가르쳤고, 전도훈련을 시켰습니다. 그리고 귀신을 내쫓는 능력도 주셨습니다. 이런 훈련의 과정들을 통해 지극히 평범했던 사람들이 탁월한 제자로 성장했습니다.

나눔을 위한 질문

(1) 당신이 영적으로 무장하기 위해서 지금 어떤 노력을 하고 있는지 나누어 보세요.

(2) 당신은 지금까지 어떤 성경공부와 제자훈련을 훈련받았는지 생각해 보고 나누어 보세요.

3. 삶을 변화시켜 줍니다.

1) 하나님의 말씀에는 삶을 ___________시키는 능력이 있습니다.

디모데후서 3:17

"이는 하나님의 사람으로 온전하게 하며 모든 선한 일을 행할 능력을 갖추게 하려 함이라"

하나님의 말씀은 살아있고 활력이 있어서 사람을 변화시키는 힘과 능력이 있습니다. 특히, 하나님의 말씀은 성도들을 하나님의 사람으로 온전하게 성장케 하고, 모든 선한 일을 행할 수 있는 능력을 공급해 줍니다.

2) 우리가 말씀의 능력을 확신한다면 우리는 말씀을 _________해야 합니다. 그리고, 말씀으로 ___________받아야 합니다.

스가랴 4:6

"… 만군의 여호와께서 말씀하시되 이는 힘으로 되지 아니하며 능력으로 되지 아니하고 오직 나의 영으로 되느니라"

스가랴 선지자는 “이는 힘으로 되지 않고, 능력으로 되지 않는다”고 말하면서 “오직 나의 영으로 된다”고 말씀합니다. 여기서 말하는 나의 영은 성령을 말합니다. 그러므로 나의 힘과 능력으로는 할 수 없으나 성령께서 함께하시고 도와주신다면 반드시 변화되는 역사가 일어난다는 것을 믿고 더욱 성령님을 의지해야 합니다.

나눔을 위한 질문

(1) 당신이 앞으로 가장 변화되고 싶은 것이 무엇인지를 생각해 보고 나누어 보세요.

적용하기 말씀과 동행하는 삶을 사는 비결

(1) 말씀을 (   ) 합니다.

로마서 10:17

"그러므로 믿음은 들음에서 나며 들음은 그리스도의 말씀으로 말미암았느니라"

히브리인들에게 있어서 "듣는다"는 것은 들은 말씀을 행동으로 옮기는 순종까지를 포함합니다. 그러므로 말씀을 잘 듣고, 들은 말씀대로 순종해야 합니다. 그래야 믿음을 갖게 됩니다.

(2) 말씀을 (   ) 합니다.

요한계시록 1:3

"이 예언의 말씀을 읽는 자와 듣는 자와 그 가운데에 기록한 것을 지키는 자는 복이 있나니 때가 가까움이라"

성경 말씀을 읽는 것은 우리가 말씀과 동행하는 삶을 살아가는데 있어서 매우 중요합니다. 하루에 성경을 3장씩 읽게 되면 1년 후에 성경을 1독 하게 됩니다. 그러므로 1년에 "성경 1독"을 목표로 열심히 성경을 통독하십시오.

(3) 말씀을 (   ) 합니다.

여호수아 1:8

"이 율법책을 네 입에서 떠나지 말게 하며 주야로 그것을 묵상하여 그 안에 기록된 대로 다 지켜 행하라 그리하면 네 길이 평탄하게 될 것이며 네가 형통하리라"

묵상은 하나님의 말씀을 깊이 생각하면서 깨닫고, 깨달은 말씀을 내 삶에 적용하는 것입니다. 그러므로 성경을 읽을 때에 이 말씀이 나에게 어떤 의미가 있는지, 내가 이 말씀을 어떻게 순종할 것인지를 깊이 생각하는 것이 중요합니다. 이것이 곧 말씀과 동행하는 것입니다.

(4) 말씀을 (   ) 합니다.

잠언 7:2-3

"내 계명을 지켜 살며 내 법을 네 눈동자처럼 지키라 이것을 네 손가락에 매며 이것을 네 마음판에 새기라"

우리가 말씀을 마음판에 새기는 최고의 방법은 “말씀을 암송”하는 것입니다. 예수님께서 40일 금식기도를 마치고 공생애를 시작할 때 마귀에게 세 가지 유혹을 받았는데, 그때 예수님은 세 번 모두 말씀으로 마귀를 물리쳤습니다. 예수님께서 이렇게 할 수 있었던 것은 예수님의 마음판에 말씀이 새겨져 있었기 때문입니다.

결단과 기도

(1) 지금까지 당신에게 가장 영향을 준 성경구절이 무엇인지를 생각해보고 나누어 보세요.

(2) 당신은 말씀의 능력을 확신합니까? 그렇다면 당신이 앞으로 말씀의 능력을 확신하는 삶을 살기 위해서 결심한 것이 무엇인지를 나누어 보세요.

"너희가 내 안에 거하고 내 말이 너희 안에 거하면 무엇이든지 원하는 대로 구하라 그리하면 이루리라"

(요한복음 15장 7절)

4과

기도의 응답을 확신하라

		구원		
		사죄		
말씀	기도	믿음	복	승리
		인도		
		변화		
		사명		

4. 기도의 응답을 확신하라

어떤 목사님이 마흔 살의 나이에 교회를 개척하는 문제를 놓고 기도를 시작했습니다.

그때 그 목사님은 개척이 하나님의 뜻인지에 대한 확신이 없었습니다. 또한 개척에 대한 자신감도 없었습니다. 그러나 개척할 수밖에 없는 복잡한 상황 속에서 목사님은 5일 금식 기도를 작정하고 하나님의 뜻을 구하며 기도를 시작했습니다.

그러던 중 목사님은 2006년 8월 30일 수원에 있는 "흰돌산 기도원"에서 진행되는 한 집회에 참석하게 되었습니다. 목사님은 모태 신앙이지만 그 때까지 방언의 은사를 경험하지 못한 상태였습니다. 따라서 목사님은 개척에 대한 확신을 갖게 해 달라고 기도하면서 개척이 하나님의 뜻이라면 "방언의 은

사”를 달라고 하나님께 간절히 기도했습니다.

설교자의 설교가 끝나고 모든 성도들이 자리에서 일어나서 두 손을 들고 설교자의 인도에 따라 통성기도를 시작했습니다. 그런데, 얼마 후에 목사님의 혀가 자기의 의지와 상관없이 마구 움직이기 시작했습니다. 그리고 목사님의 입에서 알 수 없는 이상한 말(방언)이 튀어 나왔습니다. 그날 밤 목사님은 오랫동안 갈망하던 “방언의 은사”를 받았습니다. 목사님은 이 일을 통해 하나님은 우리의 기도에 응답하신다는 것과 교회를 개척하는 것이 하나님의 뜻임을 확신하게 되었습니다.

이 시간에는 기도응답을 받는 방법에 대해서 말씀을 나누겠습니다.

1. 주님 안에 거하십시오.

1) 기도응답을 받으려면 주님 안에 ________________합니다.

요한복음 15:7

"너희가 내 안에 거하고 내 말이 너희 안에 거하면 무엇이든지 원하는 대로 구하라 그리하면 이루리라"

예수님은 포도나무 비유를 통해 주님 안에 거한다는 것이 어떤 것인지를 가르쳐 주었습니다. '내 안에 거한다'는 것은 포도나무 가지인 우리들이 포도나무인 예수님께 붙어 있는 것을 말합니다.

2) 기도응답을 받으려면 하나님과의 ____________________가 중요합니다.

요한일서 1:12

"영접하는 자 곧 그 이름을 믿는 자들에게는 하나님의 자녀가 되는 권세를 주셨으니"

우리가 예수님을 믿고 영접하게 되면 우리는 하나님의 자녀가 되어서 하나님과의 관계가 형성됩니다. 하나님께서 우리의 기도를 응답해주시는 이유는 하나님과 우리와의 관계 때문입니다.

3) 기도응답을 받으려면 예수님의 ____________을 지키십시오.

요한복음 15:10

"내가 아버지의 계명을 지켜 그의 사랑 안에 거하는 것같이 너희도 내 계명을 지키면 내 사랑 안에 거하리라"

예수님은 아버지의 계명을 지키면 아버지 안에 거하는 정도를 넘어서 아버지 안에서 더욱 사랑을 받게 된다고 약속해 주셨습니다. 그러면서 너희도 내 계명을 지키면 내 사랑 안에 거하게 된다고 약속해 주셨습니다. 그러므로 우리가 하나님을 사랑할 때 우리는 하나님의 더 큰 사랑을 받게 될 것입니다.

나눔을 위한 질문

(1) 당신은 지금 하나님과의 관계가 좋다고 생각합니까? 나쁘다고 생각합니까? 그리고, 그렇게 생각하는 이유가 무엇입니까?

2. 말씀과 동행하십시오.

1) 하나님의 말씀이 우리 안에 ______________ 하십시오.

요한복음 15:7

"너희가 내 안에 거하고 내 말이 너희 안에 거하면 무엇이든지 원하는 대로 구하라 그리하면 이루리라"

우리가 하나님을 믿을 때에 하나님과 부자(父子) 관계가 형성됩니다. 그런데, 이 부자 관계를 지속하기 위해서는 하나님의 말씀이 우리 안에 거해야 합니다. 그러므로 말씀과 동행하는 삶이 중요합니다.

2) 성경 말씀에서 하나님의 ______________과 ________을 발견하십시오.

여호수아 1:8

"이 율법책을 네 입에서 떠나지 말게 하며 주야로 그것을 묵상하여 그 안에 기록된 대로 다 지켜 행하라 그리하면 네 길이 평탄하게 될 것이며 네가 형통하리라"

성경 말씀은 기록된 하나님의 말씀으로 성경 말씀 속에 수많은 하나님의 약속과 하나님의 뜻이 들어있습니다. 그러므로 성경 말씀에서 하나님의 약속과 뜻을 찾고 기도하는 것이 유익합니다.

3) 말씀을 ______________하면서 기도하십시오.

누가복음 5:5

"시몬이 대답하여 이르되 선생님 우리들이 밤이 새도록 수고하였으되 잡은 것이 없지마는 말씀에 의지하여 내가 그물을 내리리이다 하고"

신명기 30:20

"네 하나님 여호와를 사랑하고 그의 말씀을 청종하며 또 그를 의지하라 그는 네 생명이시요 네 장수이시니 여호와께서 네 조상 아브라함과 이삭과 야곱에게 주리라고 맹세하신 땅에 네가 거주하리라"

성경 말씀을 읽고 묵상한 후에 말씀을 붙잡고 말씀을 의지하면서 기도하게 되면 더욱 힘 있게 기도할 수가 있습니다. 베드로가 예수님의 말씀에 의지하여 그물을 내렸을 때 그물이 찢어질 정도로 많은 고기를 잡은 것처럼 우리가 말씀에 의지하며 기도할 때 하나님께서 응답해 주실 것입니다.

나눔을 위한 질문

(1) 당신이 말씀과 동행하는 삶을 살아감에 있어서 지금 잘하고 있는 것과 못하고 있는 것이 무엇인지를 생각해보고 나누어 보세요.

3. 기도하십시오.

1) 기도하면 반드시 ____________________을 받습니다.

요한복음 15:7

"너희가 내 안에 거하고 내 말이 너희 안에 거하면 무엇이든지 원하는 대로 구하라 그리하면 이루리라"

예레미야 33:3

"너는 내게 부르짖으라 내가 네게 응답하겠고 네가 알지 못하는 크고 은밀한 일을 네게 보이리라"

예수님은 무엇이든지 기도하기만 하면 이루어주겠다고 약속하셨습니다. 그러므로 믿음으로 기도하십시오.

2) 기도응답을 받으려면 ____________________이 있습니다.

요한복음 15:7

"너희가 내 안에 거하고 내 말이 너희 안에 거하면 무엇이든지 원하는 대로 구하라 그리하면 이루리라"

예수님은 무엇이든지 기도하면 응답해 주겠다고 약속하셨습니다. 그런데, 여기에는 조건이 있습니다. 우리가 주님 안에 거해야 하고, 우리가 말씀과 동행하면서 기도해야 한다는 것입니다.

3) ______________________을 위해 기도해야 합니다.

사도행전 2:4

"그들이 다 성령의 충만함을 받고 성령이 말하게 하심을 따라 다른 언어들로 말하기를 시작하니라"

사도행전 4:31

"빌기를 다하매 모인 곳이 진동하더니 무리가 다 성령이 충만하여 담대히 하나님의 말씀을 전하니라"

초대교회 성도들이 모여서 기도할 때 성령이 임했습니다. 그러므로 성령을 받기 위해서는 기도해야 합니다. 성령충만은 일회적인 경험이 아니라 그리스도인의 생활 가운데 계속적으로 일어나는 것입니다. 그러므로 우리는 성령충만을 위해서 기도해야 합니다.

※참고 기도 응답을 방해하는 것

(1) (   )

이사야 59:1-2

"여호와의 손이 짧아 구원하지 못하심도 아니요 귀가 둔하여 듣지 못하심도 아니라 오직 너희 죄악이 너희와 너희 하나님 사이를 갈라 놓았고 너희 죄가 그의 얼굴을 가리어서 너희에게서 듣지 않으시게 함이니라"

죄는 기도의 응답을 방해하는 가장 큰 적입니다. 그러므로 기도응답을 받기 위해서는 죄를 회개해야 합니다.

(2) (   )

야고보서 4:2-3

"너희는 욕심을 내어도 얻지 못하여 살인하며 시기하여도 능히 취하지 못하므로 다투고 싸우는도다 너희가 얻지 못함은 구하지 아니하기 때문이요 구하여도 받지 못함은 정욕으로 쓰려고 잘못 구하기 때문이라"

기도는 내 뜻이 아니라 하나님의 뜻을 이루는 수단입니다(마26:39). 그러므로 기도응답을 받기 위해서는 먼저 욕심을 내려 놓아야 합니다.

(3) (　　　　　　　　　　　　)하지 못함.

마가복음 11:25

"서서 기도할 때에 아무에게나 혐의가 있거든 용서하라 그리하여야 하늘에 계신 너희 아버지께서도 너희 허물을 사하여 주시리라 하시니라"

하나님은 용서하지 않는 사람을 기뻐하지 않기 때문에 기도응답을 받기 위해서는 먼저 용서하는 마음을 가져야 합니다.

(4) (　　　　　　　　　　　　)

잠언 28:9

"사람이 귀를 돌려 율법을 듣지 아니하면 그의 기도도 가증하니라"

하나님의 말씀에는 관심이 없으면서 하나님께 기도응답을 받겠다고 하는 것은 몰염치한 일입니다.

나눔을 위한 질문

(1) 당신의 기도가 응답받지 못하는 이유가 무엇이라고 생각하는지 나누어 보세요.

적용하기 기도 응답을 받기 위한 세 가지 방법

(1) (   ) 기도해야 합니다.

야고보서 5:15

"믿음의 기도는 병든 자를 구원하리니…"

야고보는 믿음의 기도는 병든 자를 구원한다고 말했습니다. 이 말씀은 믿음의 기도가 병든 자를 치유한다는 말씀입니다. 그러므로 치유를 위해 기도할 때 믿음으로 기도하는 것이 필요합니다.

(2) (   ) 기도해야 합니다.

예레미야 33:3

"너는 내게 부르짖으라 내가 네게 응답하겠고 네가 알지 못하는 크고 은밀한 일을 네게 보이리라"

하나님께서 예레미야에게 "부르짖어 기도하라"고 말씀하셨습니다. 그러면서 부르짖으면 응답하겠다고 약속해주셨습니다. 그러므로 부르짖어 기도하는 것이 중요합니다.

(3) (   ) 기도해야 합니다.

누가복음 23:46

"예수께서 큰 소리로 불러 이르시되 아버지 내 영혼을 아버지 손에 부탁하나이다 하고 이 말씀을 하신 후 숨지니라"

예수님은 십자가에 달려 죽는 마지막 순간까지 기도했습니다. 그러므로 끝까지 기도하는 것이 중요합니다. 응답이 늦어진다고 낙심하지 말고 끝까지 기도할 수 있어야 합니다. 응답을 받았다고 게으름 피우지 말고 끝까지 기도해야 합니다.

결단과 기도

(1) 당신이 기도해서 응답받은 것 중에서 가장 기억에 남는 것이 무엇인지를 나누어 보세요.

(2) 당신은 기도응답을 확신합니까? 그렇다면 당신이 기도응답을 확신하기 위해서 결심한 것이 무엇인지를 나누어 보세요.

"믿음이 없이는 하나님을 기쁘시게 하지 못하나니
하나님께 나아가는 자는 반드시 그가 계신 것과
또한 그가 자기를 찾는 자들에게
상 주시는 이심을 믿어야 할지니라"

(히브리서 11장 6절)

5과

믿음의 중요성을 확신하라

		구원		
		사죄		
말씀	기도	믿음	복	승리
		인도		
		변화		
		사명		

5. 믿음의 중요성을 확신하라

교회를 오랫동안 다녔다고 해서 다 믿음이 좋다고 볼 수는 없습니다. 직분을 받았다고 해서 다 믿음이 좋다고 볼 수도 없습니다. 헌금을 많이 드린다고 해서 다 믿음이 좋다고 볼 수도 없습니다.

그렇다면, 무엇으로 믿음이 좋은지 안 좋은지를 판가름 할 수 있을까요? 인생에 위기와 고난이 찾아오게 되면 그 사람의 믿음이 드러나게 됩니다. 그러므로 위기와 고난에 대처하는 모습을 보면 그 사람의 믿음의 분량을 알 수가 있습니다.

"교회 오빠"라는 영화는 고(故) 이관희 집사님의 인생을 소재로 만들어진 다큐멘터리입니다. 이관희 집사님은 현대판 욥의 인생을 사신 분입니다. 집사님의 부친께서는 일찍이 백혈병으로 세상을 떠나셨습니다. 결혼한 후에 첫 딸을 낳았을 때 집사님은 대장암 4기 수술을 받게 되었습니다. 그리고 얼마 후 아내는 림프종(혈액암) 4기 수술을 받게 되었습니다. 이런 와중에 어머님은 고난을 견디지 못해 극단적 선택을 하게 되었습니다. 이관희 집사님은 항암치료를 받았지만 대장암이 재발하여 재수술을 받고 회복하던 중에 안타깝게도 하늘나라로 떠났습니다.

그런데, 집사님께서 암 투병 중에 보여주신 모습과 신앙은 정말로 훌륭했습니다. 집사님은 암에 걸린 후에 '나는 죽고 예수로 산다'는 것을 실제로 경험하게 된다고 고백했습니다. 또한 암 때문에 더 주님을 의지하다보니 믿음이 더 좋아지게 되었고, 하루하루 더 살고 싶은 이유도 "내가 더 온전해짐을 느끼기 때문"이라고 고백했습니다. 집사님이 암과 싸우면서도 낙심하거나 절망하지 않을 수 있었던 것은 믿음 때문이었습니다. 그리고 천국에 대한 소망 때문이었습니다. 집사님은 이 시대에 두려움과 절망 속에 빠진 성도들이 어떻게 하루하루를 살아가야 하는 지에 대하여 믿음의 본을 보여주신 귀한 믿음의 사람입니다.

이 시간에는 우리가 소유해야 하는 믿음이 무엇인지를 알아보겠습니다.

1. 순종하는 믿음을 소유하십시오.

1) 하나님께서 아브라함에게 말씀하실 때 아브라함은 ________ 했습니다.

창세기 12:1

"여호와께서 아브람에게 이르시되 너는 너의 고향과 친척과 아버지의 집을 떠나 내가 네게 보여줄 땅으로 가라"

하나님께서 아브라함에게 "고향을 떠나 내가 보여주는 땅으로 가라"고 말씀하신 것은 아브라함의 나이가 75세 때였습니다. 그러므로 아브라함은 늙은 나이에 "고향을 떠나라"는 하나님의 명령에 순종하기가 힘들었을 것입니다. 그런데, 이런 상황에서 아브라함은 하나님의 명령에 즉시 순종했습니다.

2) 하나님께서 아브라함에게 이삭을 제물로 바치라고 명령하실 때 아브라함은 ______________ 했습니다.

창세기 22:12

"사자가 이르시되 그 아이에게 네 손을 대지 말라 그에게 아무 일도 하지 말라 네가 네 아들 네 독자까지도 내게 아끼지 아니하였으니 내가

이제야 네가 하나님을 경외하는 줄을 아노라"

하나님께서 이삭을 제물로 바치라고 명령하신 것은 아브라함이 가장 소중한 것까지도 바칠 수 있는 믿음을 갖고 있는지를 시험한 것입니다. 그런데, 아브라함은 믿음으로 이 시험을 통과했고 하나님께 인정받는 믿음의 사람이 되었습니다.

3) 예수님께서 날 때부터 맹인이었던 사람의 눈에 침으로 갠 흙을 바른 후에 실로암에 가서 씻으라고 말씀하셨을 때 그는 ____________ 했습니다.

요한복음 9:7

"이르시되 실로암 못에 가서 씻으라 하시니(실로암은 번역하면 보냄을 받았다는 뜻이라) 이에 가서 씻고 밝은 눈으로 왔더라"

맹인은 자기에게로 다가온 예수님께서 말씀하시는 대로 순종했습니다. 맹인이 실로암에 가서 눈을 씻었을 때, 날 때부터 맹인으로 살던 그가 눈을 뜨게 되었습니다. 그러므로 순종하는 맹인의 믿음이 기적을 일으킨 것입니다.

나눔을 위한 질문

(1) 당신에게는 순종하는 믿음이 있습니까? 당신이 순종하는 믿음으로 하나님께 응답받은 일이 있다면 무엇인지 나누어 보세요.

2. 흔들리지 않는 믿음을 소유하십시오.

1) ________________은 힘든 시련에도 흔들리지 않았습니다.

욥기 1:1

"우스 땅에 욥이라 불리는 사람이 있었는데 그 사람은 온전하고 정직하여 하나님을 경외하며 악에서 떠난 자더라"

욥은 하나님을 경외하며 악에서 떠난 사람입니다. 욥은 동방에서 제일가는 부자였습니다. 그런데, 하루아침에 욥은 모든 재산을 잃게 되었습니다. 같은 날 열 명의 자녀가 모두 죽게 되었습니다. 그리고 자신은 큰 질병에 걸려서 고통을 당하게 되었습니다. 하지만, 이런 상황에서 욥은 모든 고난을 참고 인내했습니다. 욥에게 흔들리지 않는 믿음이 있었기 때문에 모든 시련을 이겨낼 수가 있었습니다.

2) 다니엘의 ____________________는 죽음 앞에서도 우상에게 절하지 않았습니다.

다니엘 3:18

"그리 아니하실지라도 왕이여 우리가 왕의 신들을 섬기지도 아니하고 왕의 세우신 금 신상에게 절하지도 아니할 줄을 아옵소서"

다니엘의 세 친구는 하나님께서 그들을 풀무불 속에서 건져주실 것이라는 믿음을 갖고 있었습니다. 하지만, 하나님께서 그들을 죽음에서 건져주지 않는다고 할지라도 그들은 절대로 우상에게 절하지 않겠다고 고백했습니다. 이것이 바로 죽음 앞에서도 흔들리지 않는 다니엘의 세 친구의 믿음입니다.

3) ____________은 질병이 치유되지 않았지만 결코 흔들리지 않았습니다.

고린도후서 12:7

"여러 계시를 받은 것이 지극히 크므로 너무 자만하지 않게 하시려고 내 육체에 가시 곧 사탄의 사자를 주셨으니 이는 나를 쳐서 너무 자만하지 않게 하려 하심이라"

사도바울에게는 육체의 가시가 있었습니다. 이 육체의 가시가 간질병일 수도 있고 안질병일 수도 있는데, 바울은 이 육체의 가시 때문에 많은 고통을 당했고, 사역하는 데에도 큰 어려움을 겪었습니다. 그래서 바울은 이 육체의 가시를 제거해달라고 하나님께 세 차례나 간절히 기도했습니다. 그런데, 하나님께서는 바울의 질병을 고쳐주지 않았습니다.

바울은 하나님께서 자만하지 않게 하시려고 자기 몸에 육체의 가시를 남겨놓았다는 사실을 깨닫게 되었으며, 이후로 바울은 더이상 질병을 치유해 달라고 기도하지 않았습니다.

나눔을 위한 질문

(1) 욥과 다니엘의 세 친구와 사도바울의 믿음이 당신에게 어떤 도전을 주는지 나누어 보세요.

(2) 당신이 신앙생활을 하는 동안 가장 힘들고 어려웠던 때가 언제인지 생각해 보고 나누어 보세요.

3. 큰 믿음을 소유하십시오.

1) 히브리서 기자는 우리가 구원받기 위해서 필요한 두 가지 ________________ 을 강조했습니다.

히브리서 11:6

"믿음이 없이는 하나님을 기쁘시게 하지 못하나니 하나님께 나아가는 자는 반드시 그가 계신 것과 또한 그가 자기를 찾는 자들에게 상 주시는 이심을 믿어야 할지니라"

히브리서 기자는 구원을 받기 위한 최소한의 믿음으로 "하나님께서 계시다는 것"과 "하나님께서 자기를 찾는 자들에게 상을 주시는 분"임을 믿는 것이라고 가르쳐 주었습니다. 그러므로 우리가 이 두 가지를 믿을 때 하나님께서 우리를 구원해 주실 것입니다.

2) ______________은 큰 믿음을 소유한 사람입니다.

> 사무엘상 17:45
>
> **"다윗이 블레셋 사람에게 이르되 너는 칼과 창과 단창으로 내게 나아오거니와 나는 만군의 여호와의 이름 곧 네가 모욕하는 이스라엘 군대의 하나님의 이름으로 네게 나아가노라"**

골리앗은 키가 2미터 90센치미터(약3미터)가 넘는 블레셋의 명장수(삼상17:4)였으나 다윗은 소년 목동에 불과했습니다. 골리앗은 거대한 창과 방패로 무장했지만, 다윗은 물맷돌 다섯 개만을 가지고 있었습니다.

하지만, 다윗은 하나님이 함께 하시면 골리앗을 이길 수 있다는 큰 믿음으로 나아갔고 이 믿음으로 골리앗을 향해 물맷돌을 던졌으며 골리앗은 이 물맷돌에 맞고 쓰러졌습니다. 하나님께서 다윗의 큰 믿음을 보시고 이렇게 역사하신 것입니다.

3) ________________ 혈루증을 앓던 여자는 큰 믿음을 소유한 사람입니다.

마가복음 5:27-28

"예수의 소문을 듣고 무리 가운데 끼어 뒤로 와서 그의 옷에 손을 대니 이는 내가 그의 옷에만 손을 대어도 구원을 받으리라 생각함일러라"

예수님께서 분주하게 사역하고 있을 때 열두 해 동안 혈루증을 앓던 여자가 예수님에게로 다가와서 예수님의 옷자락을 몰래 만졌습니다. 그런데, 그 순간 그의 질병이 치유되는 기적이 일어났습니다.

열 두 해 혈루증을 앓던 여자에게는 "예수님의 옷자락만 만져도 병 고침을 받을 수 있다"는 큰 믿음이 있었습니다. 예수님은 이 여자에게 "네 믿음이 너를 구원하였다"고 칭찬해 주셨습니다.

4) ______________ 여자는 큰 믿음을 소유한 사람입니다.

마태복음 15:28

"......여자여 네 믿음이 크도다 네 소원대로 되리라 하시니 그 때로부터 그의 딸이 나으니라"

예수님께서 두로와 시돈 지방을 지나가실 때 어떤 가나안 여자가 귀신들린 딸을 고쳐달라고 간청했습니다. 그러나, 예수님은 그 여자의 간청을 철저히 무시했습니다. 하지만 가나안 여자가 포기하지 않고 계속 예수님께 간청할 때 예수님께서 가나안 여자에게 "네 믿음이 크도다 네 소원대로 되리라"고 말씀해주셨습니다. 그리고 이 때 가나안 여자의 딸이 치유되었습니다.

하나님께서 우리의 소원을 금방 안 들어주실 때도 있습니다. 그러나 이럴 때에도 낙심하지 말고 끝까지 하나님을 신뢰하는 믿음이 필요합니다.

나눔을 위한 질문

(1) 당신의 믿음은 어느 정도의 크기라고 생각합니까? 그리고, 당신은 지금 당신의 믿음을 키우기 위해서 어떤 노력을 하고 있나요?

적용하기 참 믿음을 소유한 성도가 누리는 복

우리의 믿음이 구원받는 믿음에서 머물러 있어서는 안됩니다. 우리의 믿음은 계속 성장하여 하나님을 기쁘시게 하는 참 믿음으로 나아가야 합니다. 하나님께서는 참 믿음을 소유한 성도들에게 다음과 같은 복을 주십니다.

(1) (   )과 (   )을 주십니다.

로마서 15:13

"소망의 하나님이 모든 기쁨과 평강을 믿음 안에서 너희에게 충만하게 하사 성령의 능력으로 소망이 넘치게 하시기를 원하노라"

(2) (   )을 주십니다.

마태복음 21:22

"너희가 기도할 때에 무엇이든지 믿고 구하는 것은 다 받으리라 하시니라 "

(3) (   )을 이기고 (   )하게 하십니다.

요한일서 5:4

"무릇 하나님께로부터 난 자마다 세상을 이기느니라 세상을 이기는 승리는 이것이니 우리의 믿음이니라"

(4) (   )을 주십니다.

로마서 10:9

"네가 만일 네 입으로 예수를 주로 시인하며 또 하나님께서 그를 죽은 자 가운데서 살리신 것을 네 마음에 믿으면 구원을 받으리라 "

결단과 기도

(1) 다윗과 열두 해 혈루증 여자와 가나안 여자의 믿음이 당신에게 주는 도전이 무엇인지 나누어 보세요.

(2) 당신은 믿음의 중요성을 확신합니까? 그렇다면 당신이 앞으로 참 믿음을 소유하기 위해서 결심한 것이 무엇인지를 나누어 보세요.

"사랑하는 자여 네 영혼이 잘됨 같이
네가 범사에 잘되고 강건하기를 내가 간구하노라"

(요한삼서 1장 2절)

6과

세 가지 복을 확신하라

<table>
<tr><td></td><td></td><td>구원</td><td></td><td></td></tr>
<tr><td></td><td></td><td>사죄</td><td></td><td></td></tr>
<tr><td>말씀</td><td>기도</td><td>믿음</td><td>복</td><td>승리</td></tr>
<tr><td></td><td></td><td>인도</td><td></td><td></td></tr>
<tr><td></td><td></td><td>변화</td><td></td><td></td></tr>
<tr><td></td><td></td><td>사명</td><td></td><td></td></tr>
</table>

6. 세 가지 복을 확신하라

우리 민족은 복에 대한 갈망이 남다른 민족입니다.

불교나 유교 같은 우리나라의 전통 종교들도 복을 구하는 기복적인 성향이 강합니다. 한국 기독교 역시 기복신앙이 강하다고 비판하는 사람들이 있는데, 그 이유는 복을 좋아하는 우리나라의 민족성과 문화와 관계가 있기 때문입니다.

구약성경에서 말하는 복은 주로 물질적인 복과 자손의 번성의 복을 말합니다. 아브라함도 부자였고, 욥도 부자였습니다. 신약성경도 물질적인 복을 말하고 있으나 신약성경은 팔복의 말씀처럼 영적인 복을 더 강조합니다. 그러므로 기독교인들이 물질적이고, 현세적인 복을 구하는 것이 성경에 위배되는 것은 아닙니다. 우리는 하나님의 자녀로서 마땅히 이런 복을 구할 자격이 있습니다.

그러나, 기독교신앙의 핵심은 물질축복, 자녀축복, 건강축복이 아니라는 사실을 명심해야 합니다. 기독교인은 물질의 복을 받고 자녀의 복을 받고 장수하기 위해서 예수를 믿는 것이 아닙니다. 기독교인이 예수님을 믿는 가장 중요한 이유는 "영혼 구원"에 있습니다. 그런데, 성도들은 나중에 천국에서 받을 복보다 지금 이 땅에서 받을 복을 원할 때가 많습니다. 따라서 영혼이 잘 되는 복보다 이 세상에서 필요한 물질과 자녀와 건강의 복을 구하게 됩니다. 그러다보니 기독교가 이런 것들을 위해 존재하는 것처럼 보여질 수가 있으나 기독교 신앙의 핵심은 "영혼구원"임을 잊어서는 안됩니다.

본문은 하나님을 믿을 때 받게 되는 세 가지 복에 대한 말씀입니다. 조용기목사님은 이것을 "삼박자 축복"이라고 이름을 붙였습니다.

이 시간에는 하나님을 믿을 때 받게 되는 세 가지 복에 대해서 말씀을 나누겠습니다.

1. 영혼이 잘 되는 복을 받으십시오.

1) 하나님을 ____________하는 자는 영혼이 잘 되는 복을 받습니다.

요한삼서 1:2

"사랑하는 자여 네 영혼이 잘됨같이 네가 범사에 잘되고 강건하기를 내가 간구하노라"

사도요한은 초대교회 성도들을 위해 기도하는 마음으로 "사랑하는 자여 네 영혼이 잘됨같이"라고 축복했습니다. 그러므로 하나님을 사랑하고, 하나님께 사랑을 받는 자는 영혼이 잘 되는 복을 받게 됩니다.

2) 영혼이 잘 되는 복이란 영혼이 ____________을 받는 것을 말합니다.

요한복음 5:24

"내가 진실로 진실로 너희에게 이르노니 내 말을 듣고 또 나 보내신 이를 믿는 자는 영생을 얻었고 심판에 이르지 아니하나니 사망에서 생명으로 옮겼느니라"

우리는 아담의 죄로 말미암아 영이 죽게 되었고 하나님으로부터 분리가 되었습니다. 그런데, 우리가 예수님의 말씀을 듣고, 하나님을 믿을 때에 우리의 영혼이 구원받아 영원한 생명을 얻게 될 것입니다.

3) 영혼이 잘 되기 위해서는 영적으로 계속 ________________ 해야 합니다.

에베소서 4:13

"우리가 다 하나님의 아들을 믿는 것과 아는 일에 하나가 되어 온전한 사람을 이루어 그리스도의 장성한 분량이 충만한 데까지 이르리니"

감리교회 창시자인 존 웨슬리(John Wesley)는 예수님을 믿고 구원받는 것을 "신생"(新生)이라고 말했습니다. 예수님을 믿고 구원받은 사람은 마치 신생아와 같이 연약하다는 것입니다. 따라서 우리의 영혼이 잘 되는 복을 받으려면 그리스도의 장성한 분량으로 성장해야 합니다.

4) 영적 성장을 위해서는 날마다 ______________을 의지하고 ______________ 의 인도하심을 받아야 합니다.

로마서 8:14

"무릇 하나님의 영으로 인도함을 받는 사람은 곧 하나님의 아들이라"

우리가 날마다 성령님의 인도하심을 받고, 성령님을 의지하는 삶을 살아갈 때 영혼이 잘되는 복을 받을 것입니다. 우리가 예수님과 친밀하게 동행할 때 영혼이 잘되는 복을 받을 것입니다.

나눔을 위한 질문

(1) 당신은 지금 영혼이 잘 되는 복을 받았다고 생각합니까?

(2) 당신은 영혼이 잘 되는 복을 받기 위해서 어떤 노력을 하고 있습니까?

2. 범사가 잘 되는 복을 받으십시오.

1) 사도요한은 하나님을 믿는 자는 ______________________가 잘 되는 복을 받게 됨을 강조했습니다.

요한삼서 1:2

"사랑하는 자여 네 영혼이 잘됨같이 네가 범사에 잘 되고 강건하기를 내가 간구하노라"

포도나무 가지는 포도나무에 붙어 있을 때 포도나무로부터 영양분을 공급받아 포도 열매를 맺게 됩니다. 마찬가지로, 우리가 주님 안에 거할 때 범사가 잘 되는 복을 받게 됩니다.

2) 우리가 하나님을 잘 믿고 섬길 때 ______________가 잘 되는 복을 받게 됩니다.

신명기 28:2-4

"네가 네 하나님 여호와의 말씀을 청종하면 이 모든 복이 네게 임하며 네게 이르리니 성읍에서도 복을 받고 들에서도 복을 받을 것이며 네 몸의 자녀와 네 토지의 소산과 네 짐승의 새끼와 소와 양의 새끼가 복을 받을 것이며"

하나님은 신명기에서 하나님의 백성들이 하나님의 말씀을 듣고 순종할 때 범사에 잘 되고 형통한 복을 주신다고 약속하셨습니다. 여기서 범사가 잘 된다는 것은 "모든 일이 잘 되는 것"을 말합니다.

3) 범사가 잘 되고 형통할 때 찾아오는 ____________________을 주의해야 합니다.

요한일서 2:16

"이는 세상에 있는 모든 것이 육신의 정욕과 안목의 정욕과 이생의 자랑이니 다 아버지께로부터 온 것이 아니요 세상으로부터 온 것이라"

우리에게 가장 약한 부분은 육신의 정욕, 안목의 정욕, 이생의 자랑입니다. 이것은 세상으로부터 온 것으로 마귀에게 속한 것들입니다. 언제나 마귀는 이 세 가지로 우리들을 유혹합니다.

※참고 **마귀가 예수님을 시험할 때 사용한 세 가지 유혹**

(1) 돌 덩이가 떡 덩이가 되게 하라

( )

(2) 성전 꼭대기에서 뛰어 내려도 죽지 않는다

( )

(3) 내게 절하면 천하만국을 주겠다

( )

※참고 **육신의 정욕과 안목의 정욕과 이생의 자랑을 이길 수 있는 방법**

(1) ( )한 삶을 살아야 합니다.

(2) ( )한 삶을 살아야 합니다.

(3) ( )과 ( )의 삶을 살아야 합니다.

나눔을 위한 질문

(1) 당신이 가장 자주 넘어지는 마귀의 유혹은 육신의 정욕과 안목의 정욕과 이생의 자랑 이 세 가지 중에서 무엇이라고 생각합니까?

(2) 당신이 마귀의 유혹(육신의 정욕, 안목의 정욕, 이생의 자랑)을 이기기 위해서 어떻게 하면 좋을 지를 나누어 보세요.

3. 건강의 복을 받으십시오.

1) 사도요한은 하나님을 믿는 자는 ________________의 복을 받게 됨을 강조했습니다.

요한삼서 1:2

"사랑하는 자여 네 영혼이 잘됨같이 네가 범사에 잘되고 강건하기를 내가 간구하노라"

하나님을 사랑하고, 예수님을 잘 믿는 것이 곧 건강의 비결입니다. 통계상으로 볼 때 기독교인은 비 기독교인에 비해서 장수한다고 합니다.

2) 예수님은 위대한 ________________입니다.

마가복음 16:17-18

"믿는 자들에게는 이런 표적이 따르리니 곧 그들이 내 이름으로 귀신을 쫓아내며 새 방언을 말하며 뱀을 집어 올리며 무슨 독을 마실지라도 해를 받지 아니하며 병든 사람에게 손을 얹은즉 나으리라 하시더라"

예수님은 공생애 기간 중에 전체 사역의 30% 정도를 병든 자를 치유하는 사역을 담당했습니다. 그런데, 예수님은 믿는 자들에게도 "귀신을 쫓아내고, 병든 자를 치유하는" 기적이 일어난다고 약속해 주셨습니다.

3) 믿음이 좋은 사람도 육신적으로 연약하고 ______________

에 감염될 수 있습니다.

고린도후서 12:7

"여러 계시를 받은 것이 지극히 크므로 너무 자만하지 않게 하시려고 내 육체에 가시 곧 사탄의 사자를 주셨으니 이는 나를 쳐서 너무 자만하지 않게 하려 하심이라"

바울은 육체의 가시가 있었는데, 이것 때문에 바울은 주님을 의지하면서 더 강해질 수 있었고, 더 큰 사명을 감당하게 되었습니다.

4) 바울은 약할 때 더 강해지는 것을 알았기 때문에 약한 것을 ______________ 했습니다.

고린도후서 12:10

"그러므로 내가 그리스도를 위하여 약한 것들과 능욕과 궁핍과 박해와 곤고를 기뻐하노니 이는 내가 약한 그 때에 강함이라"

우리가 영혼이 잘 되기 위해서 최선을 다했으나 범사가 잘 되지 않고 강건하지 못할 수도 있습니다. 그렇다고 낙심해서는 안됩니다. 왜냐하면 우리가 연약할 때에도 하나님께서 주시는 은혜가 있기 때문입니다. 그러므로 자기의 연약함 때문에 낙심하지 말고, 그 연약함 때문에 더 주님께로 나아가 기도한다면 새로운 주님의 은혜를 체험하게 될 것입니다.

5) 우리가 ________________이 잘 되는 일에 우선순위를 둘 때 하나님께서 다른 복까지 더하여 주실 것입니다.

마태복음 6:33

"너희는 먼저 그의 나라와 그의 의를 구하라 그리하면 이 모든 것을 너희에게 더하여 주시리라"

영혼이 잘 되는 복과 범사가 잘 되는 복과 건강의 복 중에서 최고의 복은 영혼이 잘 되는 복입니다. 그러므로 우리는 영혼이 잘 되는 복을 구하는 데 우선순위를 두어야 합니다. 그럴 때 하나님께서 나머지 복까지도 더하여 주실 것입니다.

나눔을 위한 질문

당신이 건강관리에 투자하는 시간과 물질에 비해서 영혼관리에 투자하는 시간과 물질은 과연 몇 % 정도가 된다고 생각합니까?

적용하기 바울이 품은 상급에 대한 비전

디모데후서 4:7-8

"나는 선한 싸움을 싸우고 나의 달려갈 길을 마치고 믿음을 지켰으니 이제 후로는 나를 위하여 의의 면류관이 예비되었으므로 주 곧 의로우신 재판장이 그 날에 내게 주실 것이며 내게만 아니라 주의 나타나심을 사모하는 모든 자에게도니라"

(1) 바울은 장차 ( )을 쓰는 것에 목표를 두었습니다.

이것은 바울이 이 세상에서의 성공보다 천국에서 받을 상급에 목표를 두었다는 뜻입니다.

(2) 바울은 상급을 받기 위해서 (   ) 싸움을 싸우고, (   ) 길을 마치고, (   )을 지켰습니다.

바울은 목표를 달성하기 위해서 최선을 다했습니다. 상급은 목표를 정하고 그 목표를 달성하기 위해서 몸부림을 치는 사람이 받을 수 있습니다. 당신은 장차 천국에서 상급을 받기 위해서 어떻게 살기로 결단하겠습니까?

결단과 기도

(1) 하나님을 믿는 자에게 주시는 세 가지의 복(영혼이 잘 되는 복, 범사가 잘 되는 복, 건강의 복) 중에서 당신은 지금 어디에 우선순위를 두고 있다고 생각합니까?

(2) 당신이 예수님을 믿을 때 세 가지 복을 받을 것을 확신합니까? 그렇다면, 당신이 앞으로 세 가지 복을 받기 위해서 결심한 것이 무엇인지를 나누어 보세요.

"사람이 감당할 시험 밖에는 너희가 당한 것이 없나니
오직 하나님은 미쁘사 너희가 감당하지 못할 시험 당함을
허락하지 아니하시고 시험 당할 즈음에 또한 피할 길을 내사
너희로 능히 감당하게 하시느니라"

(고린도전서 10장 13절)

7과

승리를 확신하라

		구원		
		사죄		
말씀	기도	믿음	복	승리
		인도		
		변화		
		사명		

7. 승리를 확신하라

창세기 39장 말씀은 애굽에 종으로 팔려간 요셉이 시위대장 보디발 장군의 집에서 청지기 생활을 할 때의 이야기입니다.

어느날 보디발 장군의 아내가 요셉을 성적으로 유혹했습니다. 하지만, 요셉은 그 유혹을 단호하게 거절했습니다. 그러나, 문제는 그 유혹이 한 번으로 끝나지 않았다는 것입니다. 주인의 아내는 그 후에 "날마다" 요셉을 유혹했습니다. "열 번 찍어 넘어가지 않는 나무가 없다"는 말이 있는데, 한 두 번은 거절할 수 있지만 그 유혹이 열 번이나 계속된다면 그 유혹을 이겨내기가 쉽지 않을 것입니다.

어느날 요셉과 보디발의 아내 단 두 사람만 집에 있게 되었습니다. 이날 보디발의 아내는 요셉의 옷을 잡고서 더욱 노골적으로 요셉을 유혹했습니다. 그러나 요셉은 끝까지 거절했습니다. 그래도 보디발의 아내가 요셉의 옷을 붙잡고 놓지 않자 요셉은 아예 자기 옷을 벗어 던지고 그 자리를 피해 버렸습니다.

요셉이 보디발의 아내의 유혹을 물리칠 수 있었던 것은 그가 어떤 상황에서도 시험을 이기고 승리하는 사람이었기 때문입니다. 하나님께서 이런 요셉을 애굽의 총리로 세워서 기근에 빠진 애굽을 구원해 주셨습니다. 그리고, 야곱의 가문을 구원해 주셨습니다.

본문은 어떤 시험이 찾아와도 믿음의 사람은 반드시 시험을 이기고 승리할 수 있다는 확신에 관한 말씀입니다. 따라서 이 말씀은 우리가 당하는 시험을 해결해주는 열쇠가 되는 말씀입니다.

이 시간에는 우리가 승리를 확신할 수 있는 이유에 대해서 알아보겠습니다.

1. 감당할 시험을 주십니다.

1) 하나님은 성도들을 ________________ 하십니다.

고린도전서 10:13

"사람이 감당할 시험 밖에는 너희가 당한 것이 없나니 오직 하나님은 미쁘사 너희가 감당하지 못할 시험 당함을 허락하지 아니하시고 시험 당할 즈음에 또한 피할 길을 내사 너희로 능히 감당하게 하시느니라"

성경 어디에도 하나님을 믿으면 고난과 역경이 없다는 말씀은 없습니다.

오히려 성경은 하나님을 믿음으로 시련을 겪는 사례들을 소개하고 있습니다. 우리가 하나님을 믿어도 시련을 당하는 이유는 기독교가 현실지향적인 종교가 아니라 내세지향적인 종교이기 때문입니다.

2) ____________________도 하나님의 시험을 받았습니다.

창세기 22:1

"그 일 후에 하나님이 아브라함을 시험하시려고 그를 부르시되 아브라함아 하시니 그가 이르되 내가 여기 있나이다"

어느 날 하나님께서 아브라함에게 "네 사랑하는 독자 이삭을 모리아 땅으로 가서 번제로 드리라"고 말씀하셨습니다. 이것은 하나님께서 아브라함의 믿음을 시험한 것입니다. 아브라함은 하나님의 명령에 순종함으로 시험을 이겼습니다.

3) ________________도 하나님의 시험을 받았습니다.

창세기 39:20

"이에 요셉의 주인이 그를 잡아 옥에 가두니 그 옥은 왕의 죄수를 가두는 곳이었더라 요셉이 옥에 갇혔으나"

요셉은 야곱의 열 두 아들 가운데 열 한 번째 아들이지만, 야곱이 사랑하는 여인 라헬이 낳은 아들이기에 야곱이 다른 어느 아들보다 특별히 사랑했습니다. 요셉은 이런 이유 때문에 열 명의 형들에게 미움을 받았고, 형들의 계략으로 애굽에 노예로 팔려가게 되었습니다. 하지만, 요셉은 어떤 상황에서도 흔들리지 않았고 모든 시험을 이겨냈습니다.

4) 시험을 ________________________ 복을 받습니다.

야고보서 1:12

"시험을 참는 자는 복이 있나니 이는 시련을 견디어 낸 자가 주께서 자기를 사랑하는 자들에게 약속하신 생명의 면류관을 얻을 것이기 때문이라"

야고보는 시험을 참는 자는 복이 있다고 말하면서 시험을 참는 자에게 하나님께서 생명의 면류관을 주신다고 말했습니다. 그러므로 우리가 시험을 참고 인내할 때 시험은 우리에게 유익이 될 수 있습니다.

※참고 세 가지 종류의 시험

(1) (   )

욥이 당하는 시험이 바로 여기에 해당됩니다. 우리에게 시련(trial)이 찾아왔을 때 우리가 할 수 있는 것은 끝까지 인내하는 것입니다.

(2) (   )

사탄은 육신의 정욕과 안목의 정욕과 이생의 자랑이라는 무기로 사람을 넘어뜨립니다. 우리가 성령으로 충만해야 마귀의 유혹(temptation)을 이길 수 있습니다.

(3) (   )

이것은 하나님으로 부터 오는 시험으로 어떤 일에 우리가 자격이 있는 지 알아보는 시험입니다. 따라서 테스트(test)를 통과하면 더욱 성숙한 신앙으로 성장하게 되고 더 크게 쓰임 받게 됩니다.

5) 하나님은 우리가 ____________할 수 있는 시험만 허락 하십니다.

고린도전서 10:13

"사람이 감당할 시험 밖에는 너희가 당한 것이 없나니 오직 하나님은 미쁘사 너희가 감당하지 못할 시험 당함을 허락하지 아니하시고 시험 당할 즈음에 또한 피할 길을 내사 너희로 능히 감당하게 하시느니라"

시험은 어느 것이나 다 어렵습니다. 시험은 다른 사람이 보기에는 쉬워보일 수 있지만 당사자에게는 항상 어려운 것입니다. 하지만, 하나님께서 감당할 수 있는 시험을 주신다고 약속하셨으니 이 믿음으로 시험을 물리치고 승리해야 합니다.

나눔을 위한 질문

(1) 당신이 지금까지 겪은 시험 중에서 가장 힘들었던 시험은 어떤 시험입니까?(시련, 유혹, 테스트)

2. 피할 길을 주십니다.

1) 하나님은 시험당할 때에 ______________길을 주십니다.

고린도전서 10:13

"사람이 감당할 시험 밖에는 너희가 당한 것이 없나니 오직 하나님은 미쁘사 너희가 감당하지 못할 시험 당함을 허락하지 아니하시고 시험 당할 즈음에 또한 피할 길을 내사 너희로 능히 감당하게 하시느니라"

우리에게 시험이 닥쳐올 때 우리의 시선을 어디에 두느냐가 매우 중요합니다. 우리의 시선을 문제나 고난의 상황에 두면 안 되고, 우리의 시선을 하나님께 두어야 합니다.

2) 아브라함이 시험당할 때에 하나님께서 피할 ____________을 주실 것을 확신했습니다.

히브리서 11:19

"그가 하나님이 능히 이삭을 죽은 자 가운데서 다시 살리실 줄로 생각한지라 비유컨대 그를 죽은 자 가운데서 도로 받은 것이니라"

아브라함이 100세에 낳은 독자 이삭을 번제로 바치라는 하나님의 말씀에 순종할 수 있었던 것은 하나님께서 이삭을 다시 살리실 것을 확신했기 때문입니다. 아브라함의 믿음대로 하나님은 피할 길을 예비해 놓고 있었습니다.

3) ______________할 때 피할 길이 열리게 됩니다.

히브리서 2:18

"그가 시험을 받아 고난을 당하셨은즉 시험 받는 자들을 능히 도우실 수 있느니라"

하나님께서 피할 길을 주신다고 약속하신 것은 피할 길을 예비해 놓으셨다는 것입니다. 그러므로 우리는 피할 길을 찾아야 합니다. 우리가 기도할 때 하나님께서 피할 길을 주실 것입니다.

나눔을 위한 질문

1) 당신이 시험을 당할 때에 하나님께서 피할 길을 주신 때가 언제이고, 어떤 방법으로 피할 길을 주셨는지 생각해 보고 나누어 보세요.

2) 당신이 시험당할 때에 기도를 통해 경험한 일이 있다면 나누어 보세요.

3. 능히 감당하게 하십니다.

1) 하나님은 우리가 당하는 시험을 ________________하게 하십니다.

고린도전서 10:13

"사람이 감당할 시험 밖에는 너희가 당한 것이 없나니 오직 하나님은 미쁘사 너희가 감당하지 못할 시험 당함을 허락하지 아니하시고 시험 당할 즈음에 또한 피할 길을 내사 너희로 능히 감당하게 하시느니라"

하나님께서 우리에게 허락하는 시험의 목적은 우리를 넘어뜨리는 데 있지 않습니다. 하나님이 주시는 시험의 목적은 유혹이 아니라 테스트입니다. 유혹은 우리의 신앙을 파괴하지만 테스트는 우리의 신앙을 더욱 견고하게 만들어 줍니다. 그러므로 하나님이 주시는 시험을 잘 참고 인내해야 합니다.

2) 하나님은 이스라엘 백성들을 광야에서 ___________년 동안 훈련하셨습니다.

사도행전 13:17-18

"이 이스라엘 백성의 하나님이 우리 조상들을 택하시고 애굽 땅에서 나그네 된 그 백성을 높여 큰 권능으로 인도하여 내사 광야에서 약 사십 년간 그들의 소행을 참으시고"

이스라엘 백성들은 출애굽한 이후 광야에서 40년 동안 방랑생활을 했습니다. 그들이 광야에서 40년 동안 방랑생활을 하게 된 것은 그들이 하나님을 불신하고 원망했기 때문입니다. 그럼에도 불구하고 하나님은 40년 동안 그들의 소행을 참아주셨고, 그들을 훈련하여 마침내 가나안 땅에 들어가게 하셨습니다.

3) 고난 중에도 ________________을 믿고 신뢰해야 합니다.

창세기 45:7-8

"하나님이 큰 구원으로 당신들의 생명을 보존하고 당신들의 후손을 세상에 두시려고 나를 당신들보다 먼저 보내셨나니 그런즉 나를 이리로 보낸 이는 당신들이 아니요 하나님이시라 하나님이 나를 바로에게 아버지로 삼으시고 그 온 집의 주로 삼으시며 애굽 온 땅의 통치자로 삼으셨나이다"

요셉의 인생을 보면 하나님께서 일찍이 꿈으로 그를 높은 자리에 오르는 비전을 보여주셨습니다. 하지만 요셉의 인생에는 절망할 수밖에 없는 일들이 많이 일어났습니다. 이런 상황에서 요셉은 낙심치 않고 끝까지 하나님을 신뢰했습니다. 그 결과 애굽의 총리가 되는 복을 누리게 되었습니다.

4) 하나님은 ______________을 통해 놀라운 일을 행하십니다.

사도행전 16:33-34

"그 밤 그 시각에 간수가 그들을 데려다가 그 맞은 자리를 씻어 주고 자기와 그 온 가족이 다 세례를 받은 후 그들을 데리고 자기 집에 올라가서 음식을 차려 주고 그와 온 집안이 하나님을 믿으므로 크게 기뻐하니라"

바울과 실라가 복음을 증거하다가 감옥에 갇히게 되었습니다. 하지만, 바울과 실라는 감옥에서 하나님을 찬송했습니다(행16:25). 그때 큰 지진이 일어나면서 옥터가 움직이고, 감옥 문이 열리고 매인 것이 풀리는 역사가 일어났습니다.

하나님은 바울과 실라가 고난당할 때 그 일을 통해 간수의 가족을 구원해 주셨습니다. 그러므로 고난 중에 낙심하거나 원망하지 말고 고난을 통해 새 일을 행하시는 하나님을 끝까지 믿고 신뢰해야 합니다. 그러면 하나님께서 고난을 통해 크고 놀라운 일을 이루어주실 것입니다.

5) 어떤 순간에도 ______________해야 합니다.

고린도전서 10:12

"그런즉 선 줄로 생각하는 자는 넘어질까 조심하라"

우리는 시험을 이기고 승리할 수 있음을 확신해야 합니다. 하지만, 우리는 동시에 겸손해야 합니다. 우리가 교만해 질 때 우리는 순식간에 넘어질 수가 있기 때문입니다. 이를 위해서는 날마다 예수님과 친밀하게 동행해야 합니다. 그러면 어떤 시험도 능히 이길 수가 있습니다.

나눔을 위한 질문

(1) 당신이 큰 시험을 당할 때에 어떻게 그 시험에 대처했는지를 나누어 보세요.

적용하기 승리하는 삶을 사는 비결

우리가 구원받은 하나님의 자녀이지만 우리가 살고있는 이 세상에는 수많은 시험과 유혹이 있습니다. 그러므로 승리하는 삶을 살아가기 위해서는 다음과 같은 노력이 필요합니다.

(1) 하나님의 ( )을 가까이 하고 항상 ( ) 안에 거해야 합니다.

시편 1:1-2

"복 있는 사람은 악인들의 꾀를 따르지 아니하며 죄인들의 길에 서지 아니하며 오만한 자들의 자리에 앉지 아니하고 오직 여호와의 율법을 즐거워하여 그의 율법을 주야로 묵상하는도다"

마태복음 4:4

"예수께서 대답하여 이르시되 기록되었으되 사람이 떡으로만 살 것이 아니요 하나님의 입으로부터 나오는 모든 말씀으로 살 것이라 하였느니라 하시니"

(2) 굳건한 ( )을 소유해야 합니다.

요한일서 5:4

"무릇 하나님께로부터 난 자마다 세상을 이기느니라 세상을 이기는 승리는 이것이니 우리의 믿음이니라"

(3) 하나님께서 나와 함께 하심을 ( )해야 합니다.

이사야 41:10

"두려워하지 말라 내가 너와 함께 함이라 놀라지 말라 나는 네 하나님이 됨이라 내가 너를 굳세게 하리라 참으로 너를 도와 주리라 참으로 나의 의로운 오른손으로 너를 붙들리라"

(4) 영적전쟁에서 반드시 승리한다는 (   )을 가져야 합니다.

히브리서 2:18

"그가 시험을 받아 고난을 당하셨은즉 시험 받는 자들을 능히 도우실 수 있느니라"

결단과 기도

(1) 당신이 겪은 고난 중에서 당신에게 유익이 된 것이 있다면 그 것이 무엇인지를 나누어 보세요.

(2) 당신은 승리를 확신합니까? 그렇다면 당신이 앞으로 승리하는 삶을 살기 위해서 결심한 것이 무엇인지를 나누어 보세요.

"너는 마음을 다하여 여호와를 신뢰하고 네 명철을 의지하지
말라 너는 범사에 그를 인정하라 그리하면
네 길을 지도하시리라"

(잠언 3장 5-6절)

8과

하나님의 인도하심을 확신하라

		구원		
		사죄		
말씀	기도	믿음	복	승리
		인도		
		변화		
		사명		

8. 하나님의 인도하심을 확신하라

모세의 인생을 보면 하나님께서 그의 인생을 철저하게 인도하셨다는 것을 알 수가 있습니다.

애굽왕 바로의 유아살해 명령으로 태어나자마자 죽을 수밖에 없었던 모세가 죽지 않고 살아남은 것은 기적입니다. 그런데, 모세가 애굽의 공주(하셉수트)의 양아들이 되어 애굽 왕궁에서 애굽 왕자로 살게 된 것은 더 큰 기적입니다. 여기에는 철저하면서도 놀라우신 하나님의 계획과 인도하심이 있었습니다.

모세는 40세 때 왕궁을 떠나 미디안 광야로 도망갔습니다. 그리고 모세는 이 광야에서 40년 동안 철저하게 훈련을 받았습니다. 광야를 경험한 모세였기에 출애굽한 이스라엘 민족을 이끌고 40년 동안 광야를 행진할 수가 있었습니다. 이런 사실을 볼 때 하나님의 계획과 인도하심이 얼마나 크고 놀라운 지를 깨닫게 됩니다.

인생은 이스라엘 백성들이 애굽을 탈출하여 광야를 통과하여 가나안 땅에 입성하는 과정과 아주 비슷합니다. 기독교인들은 죄 많은 이 세상에서 탈출하여 교회에서 영성훈련을 받은 후에 영적 가나안 땅인 천국에 입성하게 됩니다. 이를 위하여 우리는 하나님의 계속적인 인도하심을 받아야만 합니다.

이스라엘 백성들이 광야에서 구름 기둥과 불기둥으로 인도함을 받은 것처럼 우리도 이 땅에 사는 동안 하나님의 인도하심을 받아야 합니다.

이 시간에는 우리가 하나님의 인도하심을 받기 위해서 필요한 것이 무엇인지를 알아보겠습니다.

1. 하나님을 신뢰하십시오.

1) 전적으로 하나님을 ____________________해야 합니다.

잠언 3:5

"너는 마음을 다하여 여호와를 신뢰하고 네 명철을 의지하지 말라"

솔로몬은 우리가 하나님의 인도하심을 받기 위해서는 전적으로 하나님을 신뢰해야 한다고 말했습니다. 살다보면 뜻밖의 어려움을 당할 때가 있습니다. 질병에 걸릴 수도 있고, 사업에 실패할 수도 있습니다. 그런데 이런 순간에도 하나님을 신뢰하는 사람이 진짜 믿음이 좋은 사람입니다.

2) ______________은 큰 고난 중에도 하나님을 전적으로 신뢰했습니다.

욥기 1:21

"이르되 내가 모태에서 알몸으로 나왔사온즉 또한 알몸이 그리로 돌아가올지라 주신 이도 여호와시요 거두신 이도 여호와시오니 여호와의 이름이 찬송을 받으실지니이다 하고"

욥은 모든 것을 잃었지만 하나님을 원망하지 않았습니다. 욥은 "주신 이도 여호와시요 거두신 이도 여호와시니 여호와의 이름이 찬송을 받으실지니이다"라고 고백했습니다. 욥이 고난 중에도 이런 고백을 할 수 있었던 것은 그가 매사에 하나님을 전적으로 신뢰했기 때문입니다.

3) 하나님은 모든 것이 합력하여 ___________을 이루시는 분입니다.

로마서 8:28

"우리가 알거니와 하나님을 사랑하는 자 곧 그의 뜻대로 부르심을 입은 자들에게는 모든 것이 합력하여 선을 이루느니라"

지금 당장에는 나에게 아무 도움이 안 되지만 하나님은 나중에 그런 일조차도 선을 이루는데 사용하십니다. 그러므로 우리는 항상 하나님을 신뢰해야 합니다. 그러면 하나님께서 우리들을 더 좋은 길로 인도해주실 것입니다.

나눔을 위한 질문

(1) 고난을 당할 그 당시에는 하나님의 뜻과 인도하심이 무엇인지 몰라서 하나님을 원망했는데, 세월이 지난 후에 하나님께서 그 때 나에게 그 고난을 주신 이유를 깨닫게 된 사례를 생각해 보고 나누어 보세요.

2. 나의 명철을 의지하지 마십시오.

1) 나의 명철을 의지하면 하나님의 ____________________을 받지 못합니다.

잠언 3:5

"너는 마음을 다하여 여호와를 신뢰하고 네 명철을 의지하지 말라"

우리가 자기의 명철과 지식을 의지하게 될 때 우리는 하나님의 인도하심을 받을 수가 없게 됩니다. 대개 지식이 많고 능력이 많은 사람일수록 자신을 믿고 의지하는 경향이 많습니다.

2) ______________은 예수님을 만나기 전에 자기 명철을 의지하던 사람이었습니다.

사도행전 22:3

"나는 유대인으로 길리기아 다소에서 났고 이 성에서 자라 가말리엘의 문하에서 우리 조상들의 율법의 엄한 교훈을 받았고 오늘 너희 모든 사람처럼 하나님께 대하여 열심이 있는 자라"

바울은 정통 유대인으로 집안이 좋았고, 가말리엘이란 훌륭한 선생님 밑에서 공부한 지식인이요 능력 있는 학자였습니다. 바울은 예수 믿는 기독교인들이 잘못된 신앙을 가지고 있다고 확신했기 때문에 기독교인들을 핍박하는 일에 앞장섰습니다.

3) 바울이 부활하신 예수님을 만난 후에는 모든 것을 ________로 간주했습니다.

빌립보서 3:8

"또한 모든 것을 해로 여김은 내 주 그리스도 예수를 아는 지식이 가장 고상하기 때문이라 내가 그를 위하여 모든 것을 잃어버리고 배설물로 여김은 그리스도를 얻고"

바울은 예수님을 만난 이후로 인생의 가치가 달라졌습니다. 전에는 나의 지식과 명철에 최고의 가치를 두고 살았는데, 이제는 그것을 배설물처럼 여기게 되었습니다. 예수님을 아는 지식이 최고임을 깨닫고 새로운 삶을 살기로 결단했을 때 하나님께서 바울의 인생을 인도해 주셨습니다.

4) _______________교수님은 자기의 명철을 의지하며 살았던 대표적인 사람입니다.

이어령 교수님은 우리나라 지성인을 대표하는 학자로 문화체육부 장관을 역임한 분입니다. 그는 인문학자로서 이성과 지성을 강조하면서 오랫동안 기독교를 비판해 왔습니다. 그런데, 어느날 이어령 교수님이 하용조 목사님에게 세례를 받고 기독교인이 되었습니다.

이어령 교수님은 철저하게 자기의 지식과 명철을 의지했던 사람입니다. 그러나 그가 예수님을 믿은 이후로 이성과 지성으로 해결할 수 없는 영성의 세계를 알게 되었습니다. 지금 이어령 교수님은 자기의 명철을 의지하지 않고 하나님을 의지하는 삶을 살고 있습니다.

나눔을 위한 질문

1) 지금까지 인생을 살아오는 동안 당신 자신을 가장 믿고 의지한 때가 언제이고, 하나님을 가장 믿고 의지한 때가 언제인지를 생각해보고 나누어 보세요.

3. 하나님께서 주인되심을 인정하십시오.

1) 하나님의 주인되심을 인정할 때 우리도 하나님의 __________ 을 받게 됩니다.

잠언 3:6

"너는 범사에 그를 인정하라 그러하면 네 길을 지도하시리라"

너는 범사에 그를 인정하라는 이 말씀은 "하나님께서 네 인생의 주인되심을 인정하라"는 말씀입니다. 당신은 인생의 주인이 누구라고 생각합니까? 하나님께서 인생의 주인 되심을 인정할 때 하나님의 인도하심을 받을 수 있습니다. 솔로몬은 하나님께서 주인 되심을 인정할 때 하나님께서 우리의 인생길을 좋은 곳으로 인도해 주신다고 믿었습니다.

2) ________________께서 우리의 인생을 더 잘 알고 계십니다.

잠언 16:9

"사람이 마음으로 자기의 길을 계획할지라도 그의 걸음을 인도하시는 이는 여호와이시라"

사람이 제아무리 계획을 잘 세워도 그의 걸음을 인도하는 분은 하나님이십니다. 그러므로 하나님이 우리의 인생을 인도해주실 때 우리의 인생이 형통할 수가 있습니다.

3) 하나님께서 주인되심을 인정하려면 먼저 ______________ 를 내려놓아야 합니다.

마태복음 16:24

"이에 예수께서 제자들에게 이르시되 누구든지 나를 따라오려거든 자기를 부인하고 자기 십자가를 지고 나를 따를 것이니라"

예수님은 "누구든지 내 제자가 되려면 먼저 자기를 부인하라"고 말씀하셨습니다. 자기의 생각과 자기의 계획과 자기의 꿈을 부인하지 않고서는 예수님을 따라갈 수가 없습니다. 그러므로 내 것을 포기하고 내 것을 내려놓을 때 하나님의 인도하심을 받게 됩니다.

4) “내려놓음”의 저자 ________________ 선교사님은 자기를 내려놓는 삶을 실천했습니다.

“내려놓음”의 저자인 이용규 선교사님은 서울대를 졸업하고, 미국 하버드 대학을 졸업한 수재입니다. 하버드 대학을 졸업했을 때 그는 수십 군데에서 좋은 조건으로 스카웃 제의를 받았다고 합니다. 그러나 이용규 선교사님은 모든 것을 내려놓고 몽골 선교사로 들어갔습니다. 선교사님 자신이 주인이 아니라 선교사님 안에 계신 “하나님께서 주인”이 되셨기 때문에 이런 결단을 내릴 수 있었던 것입니다.

하나님은 이용규 선교사님을 통하여 몽골에 대학을 설립하시고 몽골 선교를 위해 큰 열매를 맺게 하셨습니다. 이것은 선교사님께서 전적으로 하나님의 인도하심에 순종할 결과였습니다.

나눔을 위한 질문

(1) 당신은 하나님께서 당신의 인생에 주인되심을 믿고 인정합니까? 이것을 인정한 때가 언제입니까?(아직도 이것이 인정되지 않는 사람이 있다면 그 이유가 무엇이라고 생각합니까?)

적용하기 하나님의 인도하심을 받는 방법

(1) 하나님께서 인도하신다는 (   )을 가져야 합니다.

시편 23:1-3

"여호와는 나의 목자시니 내게 부족함이 없으리로다 그가 나를 푸른 풀밭에 누이시며 쉴 만한 물 가로 인도하시는도다 내 영혼을 소생시키시고 자기 이름을 위하여 의의 길로 인도하시는도다"

하나님의 인도하심을 받기 위해서는 다윗과 같이 하나님께서 나의 삶을 인도하신다는 확신을 가져야 합니다.

(2) 하나님께 인도해달라고 (   )해야 합니다.

시편 31:3

"무릇 하나님께로부터 난 자마다 세상을 이기느니라 세상을 이기는 승리는 이것이니 우리의 믿음이니라"

다윗이 항상 하나님께서 자신을 인도하시도록 기도했듯이 우리는 하나님의 인도하심을 받기 위해 기도해야 합니다.

(3) 하나님의(   )을 듣기 위해 노력해야 합니다.

요한복음 10:27

"두려워하지 말라 내가 너와 함께 함이라 놀라지 말라 나는 네 하나님이 됨이라 내가 너를 굳세게 하리라 참으로 너를 도와 주리라 참으로 나의 의로운 오른손으로 너를 붙들리라"

양이 목자의 음성을 듣지 않으면 목자의 인도를 받을 수 없습니다. 마찬가지로 우리가 하나님의 음성에 귀를 기울이지 않으면 하나님의 인도하심을 받을 수 없습니다.

결단과 기도

(1) 당신이 지금까지 살아오는 동안 가장 내려놓기 힘들었던 일이 무엇이라고 생각합니까?

(2) 당신의 인생에서 전적으로 하나님의 인도하심이었다고 고백할 수 밖에 없는 일이 무엇인지 생각해 보고 나누어 보세요.

(3) 당신은 하나님의 인도하심을 확신합니까? 그렇다면 당신이 앞으로 하나님의 인도하심을 받기 위해서 결심한 것이 무엇인지를 나누어 보세요.

“내가 그리스도와 함께 십자가에 못박혔나니
그런즉 이제는 내가 사는 것이 아니요 오직 내 안에
그리스도께서 사시는 것이라
이제 내가 육체 가운데 사는 것은 나를 사랑하사 나를 위하여
자기 자신을 버리신 하나님의 아들을 믿는 믿음 안에서
사는 것이라”

(갈라디아서 2장 20절)

9과

변화된 삶을 확신하라

		구원		
		사죄		
말씀	기도	믿음	복	승리
		인도		
		변화		
		사명		

9. 변화된 삶을 확신하라

감리교회를 창시한 존 웨슬리(John Wesley)는 1738년 5월 24일 저녁8시45분에 영국 올더스게이트 거리에 있는 한 집회에 참석하여 말씀을 듣게 되었습니다.

이때 집회를 인도하는 사람이 앞에서 루터의 로마서 서문을 읽고 있었는데 웨슬리는 말씀을 들으면서 마음이 뜨거워지는 은혜를 체험하게 되었습니다. 이날을 "웨슬리 회심일"이라고 부릅니다. 하나님의 은혜를 체험한 이후에 웨슬리는 삶이 변화되었습니다. 구원의 확신이 없어서 항상 불안해하던 웨슬리는 이 체험을 통해 구원을 확신하게 되었습니다.

웨슬리는 회심한 이후에 말을 타고 영국 전역을 다니면서 하나님의 말씀을 증거했습니다. 웨슬리가 일평생 말을 타고 다니면서 전도한 총 거리가 80만 km나 된다고 합니다. 이

거리는 지구를 12바퀴 돌 수 있는 엄청난 거리입니다. 또한 웨슬리는 일평생 42,400번의 설교를 했습니다. 웨슬리가 53년 동안 말을 타고 다니면서 사역했다고 할 때 웨슬리는 1년에 800번, 1주일에 15번 정도 설교를 했으며, 이는 보통 목회자들 보다 두 세 배 정도로 설교를 많이 한 것입니다. 이것이 바로 웨슬리의 복음전도에 대한 열정이었습니다.

웨슬리가 이런 열정으로 전도할 때 웨슬리를 따르는 교인들이 점점 늘어났습니다. 그러면서 웨슬리의 말씀을 듣는 사람들의 삶이 변화되었습니다. 그리고 웨슬리를 통하여 영국교회가 변화되었고, 영국사회까지 변화되는 놀라운 역사가 일어났습니다.

기독교인인 우리들이 예수님을 믿게 될 때 변화되는 것이 무엇일까요? 이 시간에는 본문을 중심으로 우리가 예수님을 믿을 때 변화되는 것이 무엇인지에 대해 알아보겠습니다.

1. 옛 사람의 변화입니다.

1) 예수님을 믿을 때 ________________이 죽게 됩니다.

갈라디아서 2:20

"내가 그리스도와 함께 십자가에 못박혔나니…"

여기서 바울이 말하는 "나"는 예수님을 믿기 이전의 옛 사람을 말합니다. 바울은 원래 정통 유대인이고 바리새파이고 예수 그리스도를 믿는 기독교인들을 핍박하는 일에 앞장섰던 사람입니다. 그런데, 예수님을 만나서 예수님을 믿게 된 바울은 자기의 "옛 사람이 죽었다"고 선언합니다.

2) 누구든지 그리스도 안에 있으면 ______________ 피조물입니다.

고린도후서 5:17

"그런즉 누구든지 그리스도 안에 있으면 새로운 피조물이라 이전 것은 지나갔으니 보라 새 것이 되었도다"

바울은 누구든지 그리스도 안에 있으면 새로운 피조물이라고 말했습니다. 이 말은 누구든지 예수님을 믿으면 새로워진다는 말입니다. 계속해서 바울은 "이전 것은 지나갔으니 보라 새것이 되었도다"라고 말합니다. 여기서 말하는 이전 것이란 옛 사람을 말하며, 예수님을 믿기 이전의 옛 사람은 죽고 이제는 새 사람이 되었다는 뜻입니다.

3) 예수님을 믿을 때 삶에 ________________가 일어납니다.

고린도후서 5:17

"그런즉 누구든지 그리스도 안에 있으면 새로운 피조물이라 이전 것은 지나갔으니 보라 새 것이 되었도다"

절에 다니다가 딸의 전도로 개종하여 교회를 다니는 성도님이 있습니다. 이 분은 일 년에 몇 번씩 굿을 했고 열심히 부처님을 섬겼습니다. 그런데, 교회에 출석하자마자 집에 모셔 두었던 우상들을 모두 없애 버렸습니다. 지금은 새벽예배조차 빠지지 않고 열심히 신앙생활하는 믿음의 사람으로 변화되었습니다.

술을 아주 좋아하던 성도님이 있었습니다. 이분은 하루도

빠짐없이 술을 마실 정도로 술에 중독되어 있었습니다. 그러다가 아내의 전도로 교회를 다니게 되었고 이후로 점점 변화되기 시작했습니다. 지금은 술을 끊고 교회에서 열심히 봉사하는 믿음의 사람으로 변화되었습니다.

4) 옛 사람이 변화되었다고 해서 ____________하면 안됩니다.

고린도후서 5:17

"그런즉 누구든지 그리스도 안에 있으면 새로운 피조물이라 이전 것은 지나갔으니 보라 새 것이 되었도다"

옛 사람이 죽었다고 해서 방심하면 안됩니다. 옛 사람이 다시 살아나는 경우가 있기 때문입니다. 좋아하던 술을 끊었지만 다시 술을 마시는 경우가 있습니다. 이렇게 되면 힘들게 죽여 놓았던 옛 사람이 다시 살아나게 됩니다. 이렇게 되면 다시금 "옛 사람"의 지배를 받게 됩니다.

이런 일은 누구에게나 일어날 수가 있습니다. 이렇게 되지 않으려면 정신을 차리고 깨어 기도해야 합니다. 그렇지 않으면 "옛 사람"이 다시 살아나서 다시 옛 사람의 지배를 받게 됩니다.

5) 예수님을 믿을 때 성령의 ____________를 맺게 됩니다.

갈라디아서 5:22-23

"오직 성령의 열매는 사랑과 희락과 화평과 오래 참음과 자비와 양선과 충성과 온유와 절제니 이같은 것을 금지할 법이 없느니라"

예수를 믿으면 일상생활에서 그리스도의 성품이 드러납니다. 갈라디아서 5장 22-23절에 기록된 성령의 열매가 곧 그리스도의 성품입니다.

나눔을 위한 질문

(1) 당신이 예수님을 믿기 이전의 모습과 비교해 볼 때 현재 가장 많이 달라진 것이 무엇인지를 나누어 보세요.

(2) 예수님을 믿은 이후로 당신이 어떤 성령의 열매를 맺었는지를 생각해 보고 나누어 보세요.

2. 주인의 변화입니다.

1) 예수님을 믿을 때 인생의 주인이 ____________________으로 변화됩니다.

갈라디아서 2:20

"… 그런즉 이제는 내가 사는 것이 아니요 오직 내 안에 그리스도께서 사시는 것이라"

예수님을 믿은 후에 당신의 인생을 주도하는 주인이 누구입니까? 당신이 좋아하는 대로 생각하고, 당신이 계획한대로 행동한다면 "당신이 주인된 인생"을 사는 것입니다. 그러나 하나님이 원하시고, 하나님이 인도하시는 대로 순종하는 삶을 살고 있다면 "주님이 주인된 인생"을 사는 것입니다.

2) 다음은 "내가 주인 삼은" 이란 찬양의 가사입니다.
(괄호) 속에 자기의 이름을 넣고 찬양을 불러 보세요.

(내)가 주인 삼은– 모든 것 내려놓고– (내) 주 되신 주 앞에 나가– (내)가 사랑 했던– 모든 것 내려놓고– 주님만 사랑해–

주 사랑 거친 풍랑에도- 깊은 바다처럼-
나를 잠잠케 해- 주사랑 내 영혼의 반석-
그 사랑 위에- 서리-

나눔을 위한 질문

(1) 당신은 이 찬양 가사를 읽어보고 불러보면서 어떤 생각이 듭니까? 당신은 과연 이 찬양의 가사처럼 순종할 수 있나요? 당신이 순종할 수 없다면 그 이유가 무엇이라고 생각하는지 나누어 보세요.

3) ________________목사님은 “나는 죽고 예수로 산다”는 책에서 주인이 변화된 삶이 어떤 것인지를 소개해 줍니다.

다음은 이 책을 읽은 어떤 목회자의 솔직한 고백입니다.

“이 책은 나를 내려놓는데 많은 도움을 주었습니다. 나는 착하고 순하지만, 고집이 센 편입니다. 내가 한 번 옳다고 생각하면 나는 누가 뭐래도 그 길을 끝까지 가는 사람입니다. 그런데, 내가 이 책을 읽으면서 이런 나의 모습이 잘못된 것임을 깨닫게 되었습니다. 이 책에서 유기성목사님은 이런 나의 모습은 ‘내가 죽지 않고 살아있다는 증거’라고 말했습니다. 나의 의견에 반대하는 사람이 있으면 나는 화부터 났습니다. 이 책은 ‘나는 죽고 예수로 사는 사람’은 어떤 사람도 받아줄 수 있어야 한다고 말합니다. 또한 나의 주장이 아무리 옳아도 내려놓을 수 있어야 한다고 말합니다. 상대방의 의견이 마음에 안 들어도 받아줄 수 있어야 한다고 말합니다. 그런데, 내가 죽어야만 이렇게 할 수가 있습니다”.

나눔을 위한 질문

(1) 지금 당신의 삶에서 인생의 주인이 당신입니까? 아니면 예수님입니까? 당신은 그 이유가 무엇이라고 생각하는지 나누어 보세요.

(2) 인생의 주인이 예수님으로 변화될 때 당신의 삶에서 어떤 변화가 일어 났는지를 나누어 보세요.

3. 가치관의 변화입니다.

1) 예수님을 믿는다는 것은 ______________에 가치를 두겠다는 것입니다.

갈라디아서 2:20

"… 이제 내가 육체 가운데 사는 것은 나를 사랑하사 나를 위하여 자기 자신을 버리신 하나님의 아들을 믿는 믿음 안에서 사는 것이라"

예수님을 믿기 전에 바울은 세상적인 일과 기준에 가치를 두고 살았습니다. 바울은 자기가 정통 유대인이라는 점에 자부심을 두었고, 자기가 가말리엘의 제자라는 점에 자부심을 두었고, 자기가 예수 믿는 사람들을 핍박하는 일에 헌신한다는 점에 자부심을 두고 살았습니다. 그런데, 이렇게 살던 바울이 예수님을 만난 이후로 그의 삶이 완전히 달라졌습니다. 그 이유는 그가 믿음에 가치를 두었기 때문입니다.

2) 예수님을 믿은 후로는 그동안 최고로 생각했던 삶의 ____________이 달라지게 됩니다.

빌립보서 3:8

"또한 모든 것을 해로 여김은 내 주 그리스도 예수를 아는 지식이 가장 고상하기 때문이라 내가 그를 위하여 모든 것을 잃어버리고 배설물로 여김은 그리스도를 얻고"

바울은 그동안 최고의 가치를 두고 소중하게 생각했던 집안과 학력에 대해서 "배설물처럼 여긴다"고 고백했습니다. 바울은 예수님을 믿는 사람을 핍박하며 괴롭혔던 삶에서 이제는 목숨 걸고 예수님을 증거하는 사람으로 변화되었습니다. 바울이 예수님을 믿은 후로 그의 가치관은 오직 예수, 오직 믿음으로 변화된 것입니다.

3) ________________는 예수님을 만났을 때 가치관이 달라졌습니다.

마가복음 19:8

"삭개오가 서서 주께 여짜오되 주여 보시옵소서 내 소유의 절반을 가난한 자들에게 주겠사오며 만일 누구의 것을 속여 빼앗은 일이 있으면 네 갑절이나 갚겠나이다"

세리장이었던 삭개오가 어느날 예수님을 만나면서 그의 가치관이 달라졌습니다. 그때까지 돈을 모으는 데 가치를 두고 살았던 사람이 예수님을 만난 이후로 가치관이 달라졌습니다.

삭개오는 재산의 절반을 가난한 자들에게 나누어 주기로 결심했습니다. 그리고 남의 것을 부당하게 빼앗은 것이 있다면 4배로 변상해 주기로 결심했습니다. 삭개오가 이렇게 변화될 수 있었던 것은 예수님을 만난 이후에 그의 가치관이 달라졌기 때문입니다.

4) 예수님을 믿을 때 ________________에 소망을 두게 됩니다.

고린도전서 15:20-22

"그러나 이제 그리스도께서 죽은 자 가운데서 다시 살아나사 잠자는 자들의 첫 열매가 되셨도다 사망이 한 사람으로 말미암았으니 죽은 자의 부활도 한 사람으로 말미암는도다 아담 안에서 모든 사람이 죽은 것 같이 그리스도 안에서 모든 사람이 삶을 얻으리라"

일본 나가사키에 가면 26인 순교비가 있습니다. 일본 도요토미 히데요시 시대에 카톨릭에 대한 극심한 박해가 있었습니다. 당시 교토에서 26명의 카톨릭 신자를 끌고서 나가사키로 이동하여 니시자카라는 언덕에서 26명을 십자가에 못 박아 처형했습니다. 26명의 성도들이 800킬로미터를 끌려오는 동안 배교하고 싶었고, 포기하고 싶었을 것입니다. 그러나 그들 중에 한 사람도 믿음을 포기하지 않았습니다.

결국, 26명은 나가사키에 도착하여 십자가에 달려 순교의 제물이 되었습니다. 이들이 세상에 가치를 두었더라면 이렇게 하지 못했을 것입니다. 이들이 천국에 소망을 두고 천국에 가치를 두었기 때문에 끝까지 믿음을 지킬 수 있었던 것입니다. 그러므로 가치를 어디에 두고 사느냐가 중요합니다.

나눔을 위한 질문

(1) 예수님을 믿은 이후로 당신의 가치관이 어떻게 달라졌습니까? 가장 많이 달라진 당신의 가치관이 무엇인지 생각해 보고 나누어 보세요.

적용하기 변화와 성숙의 목표

바울은 에베소교회 성도들에게 에베소서 4장 11~16절에서 변화와 성숙에 대한 분명한 목표를 정해 주었습니다. 우리가 예수 그리스도를 믿음으로 변화되었다는 것은 대단히 감사한 일입니다. 그러나 우리는 계속해서 변화되어져야 하고 성숙해져야 합니다. 이를 위해서는 변화와 성숙을 위한 지속적인 노력이 필요합니다.

(1) 그리스도의 몸된 (   )를 세우는 것입니다.

에베소서 4:12

"이는 성도를 온전하게 하여 봉사의 일을 하게 하며 그리스도의 몸을 세우려 하심이라"

(2) 그리스도의 장성한 분량으로 (   )하는 것입니다.

에베소서 4:13

"우리가 다 하나님의 아들을 믿는 것과 아는 일에 하나가 되어 온전한 사람을 이루어 그리스도의 장성한 분량이 충만한 데까지 이르리니 "

(3) 흔들리지 않는 (   )을 소유하는 것입니다.

에베소서 4:14

"이는 우리가 이제부터 어린 아이가 되지 아니하여 사람의 속임수와 간사한 유혹에 빠져 온갖 교훈의 풍조에 밀려 요동하지 않게 하려 함이라"

(4) 변화된 삶으로 하나님께 (   )을 돌리는 것입니다.

에베소서 4:15

"오직 사랑 안에서 참된 것을 하여 범사에 그에게까지 자랄지라 그는 머리니 곧 그리스도라"

결단과 기도

(1) 예수님을 믿은 이후에 세 가지 변화(옛 사람의 변화, 내 인생의 주인의 변화, 가치관의 변화) 중에서 당신에게 가장 큰 변화로 느껴지는 것이 무엇인지를 나누어 보세요.

(2) 당신은 변화된 삶을 확신합니까? 그렇다면 당신이 앞으로 변화와 성숙한 삶을 살기 위해서 결심한 것이 무엇인지를 나누어 보세요.

"그러므로 너희는 가서 모든 민족을 제자로 삼아
아버지와 아들과 성령의 이름으로 세례를 베풀고
내가 너희에게 분부한 모든 것을 가르쳐 지키게 하라
볼지어다 내가 세상 끝날까지 너희와 항상
함께 있으리라 하시니라"

(마태복음 28장 19-20절)

10과

복음전파의 사명을 확신하라

		구원		
		사죄		
말씀	기도	믿음	복	승리
		인도		
		변화		
		사명		

10. 복음전파의 사명을 확신하라

서울 양화진 선교사 묘원에는 417명의 외국인이 묻혀 있는데, 그중에 145명이 선교사와 선교사 가족들의 무덤입니다. 이곳에 묻힌 선교사와 가족들은 구한말과 일제 강점기 때 우리나라를 위해 일생을 바친 외국인 선교사와 그의 가족들입니다.

선교사들은 당시 세상의 변방이었던 조선에 와서 복음의 빛을 전하기 위해 헌신했습니다. 이들은 주로 병원과 학교와 교회를 설립하여 복음을 전했고, 그 결과 선교 134주년을 맞이하는 지금 한국교회가 6만 교회와 1천만 성도로 성장하게 되었습니다. 또한 연세대학교와 이화여자대학교와 배재대학교와 같은 명문대학과 세브란스 같은 최고의 병원이 설립될 수 있었습니다.

양화진에 최초로 묻힌 선교사는 헤론 선교사입니다.

헤론은 미국 테네시 대학 의과대학을 수석으로 졸업하고 20대에 모교의 교수로 초빙 받은 수재였습니다. 그런데, 헤론은 모든 것을 내려놓고 1885년 6월에 조선에 의료 선교사로 들어왔습니다. 당시 조선은 장티푸스 전염병으로 수많은 사람들이 목숨을 잃었는데, 헤론 선교사는 자신의 몸을 돌보지 않고 수많은 환자들을 돌보던 중 자신도 이질에 걸려서 35세에 사망했습니다. 헤론 선교사가 모든 것을 내려놓고 자기 목숨까지도 바치면서 조선에서 복음을 전한 이유는 복음전파의 사명 때문이었습니다.

본문은 예수님께서 승천하실 때 제자들에게 주신 명령입니다. 이 말씀은 당시 예수님의 제자들에게 주신 말씀입니다. 그러나, 이 말씀은 지금 이 순간 예수님을 믿고 있는 우리에게도 주신 말씀임이 분명합니다.

이 시간은 본문을 중심으로 복음전파의 사명을 감당하는 방법에 대해서 말씀을 나누겠습니다.

1. 가서 전하십시오.

1) ____________________는 주님의 사명입니다.

마태복음 28:19

"그러므로 너희는 가서 모든 민족을 제자로 삼아 아버지와 아들과 성령의 이름으로 세례를 베풀고"

"가서 제자를 삼으라"는 말씀은 가서 복음을 전하라는 말씀입니다. 그러므로 전도는 주님이 주신 사명입니다.

2) 전도의 가장 기초 원리는 ______________ 것입니다.

마태복음 28:19

"그러므로 너희는 가서 모든 민족을 제자로 삼아 아버지와 아들과 성령의 이름으로 세례를 베풀고"

예수님은 제자들에게 너희는 "가서..........제자로 삼아"라고 말했습니다. 그러므로 전도하기 위해서는 나가야 합니다.

전도 중심형 교회인 부광감리교회 김상현 감독님은 전도훈련을 할 때 "나가면 있고 안 나가면 없다"라는 말씀을 강조합니다. 전도가 되고 안 되고는 나중 문제이고, 전도를 하려면 일단 전도현장으로 나가야 합니다.

3) ______________________을 버려야 합니다.

누가복음 10:1

"그 후에 주께서 따로 칠십 인을 세우사 친히 가시려는 각 동네와 각 지역으로 둘씩 앞서 보내시며"

노방전도를 할 때 수치심을 느끼는 사람들이 있습니다. 언제 수치심을 느끼게 되는가 하면 거절당했을 때입니다. 그런데, 거절도 여러 번 당해보면 별 게 아니라는 것을 알게 됩니다. 그러므로 거절당했을때 당황하지 말고, 오히려 환하게 웃으면서 "좋은 하루되세요~.", "수고하세요~".....라고 인사해 보세요. 그러면 오히려 상대방이 미안해 할 것입니다.

사람들에게 만 원 짜리를 한 장씩 나눠준다면 우리는 과연 수치심을 느끼게 될까요? 수치심을 전혀 느끼지 않을 것입니다. 수치심은커녕 오히려 신나게 돈을 나눠줄 것입니다. 그렇다면, 우리가 전하는 복음이 만 원의 가치보다 못하다는 것일까요? 아닙니다. 우리가 전하는 복음은 만 원과 비교할 수 없을 정도로 가치가 있고 소중한 것입니다. 그러므로 복음의 가치를 확신하면서 즐거운 마음으로 전도를 하십시오.

4) ____________________해야 합니다.

시편 105:3

"그의 거룩한 이름을 자랑하라. 여호와를 구하는 자들은 마음이 즐거울지로다"

전도를 할 때 세 가지를 자랑해야 합니다.

첫째는 하나님을 자랑하십시오. 당신이 믿는 하나님이 얼마나 좋은 분인지를 자랑하십시오. 둘째는 교회를 자랑하십시오. 당신이 다니는 교회가 얼마나 좋은 교회인지를 마음껏 자랑하십시오. 셋째는 목사님을 자랑하십시오. 당신이 출석하는 교회의 목사님이 얼마나 좋은 분인지를 자랑하십시오. 이것이 최고의 전도입니다.

5) ________________을 받으면 담대히 복음을 전하게 됩니다.

사도행전 1:8

"오직 성령이 너희에게 임하시면 너희가 권능을 받고 예루살렘과 온 유대와 사마리아와 땅 끝까지 이르러 내 증인이 되리라 하시니라"

예수님은 성령을 받게 되면 담대하게 복음을 전할 수 있게 된다고 말씀하셨습니다. 그러므로 우리는 성령을 사모해야 합니다.

나눔을 위한 질문

(1) 당신이 올 해 전도할 전도대상자를 세 명씩 작정하고, 전도대상자가 누구이며, 어떻게 전도할 것인지를 나누어 보세요.

※참고 여러 가지 전도 방법

디모데후서 4:2

"너는 말씀을 전파하라 때를 얻든지 못 얻든지 항상 힘쓰라 범사에 오래 참음과 가르침으로 경책하며 경계하며 권하라"

(1) ( ) 전도법

네 가지의 영적 원리로 복음을 전하는 전도 방법입니다.

(2) (   ) 전도법

나와 가까운 관계를 가지고 있는 가족이나 친구나 이웃을 교회로 인도하는 전도방법입니다.

(3) (   ) 전도법

길에서 행인들에게 전도지를 나누어 주면서 복음을 전하는 전도방법입니다.

(4) (   ) 전도법

세상에서 빛과 소금의 사명을 감당하면서 그리스도의 향기를 전함으로 사람들을 교회로 인도하는 전도방법입니다.

(5) (   ) 전도법

예수님을 믿으면서 경험한 하나님의 은혜와 사랑, 그리고 변화된 나의 삶을 소개하면서 복음을 전하는 전도방법입니다.

2. 세례를 베푸십시오.

1) 예수님께서 ______________를 명령하셨습니다.

마태복음 28:19

"그러므로 너희는 가서 모든 민족을 제자로 삼아 아버지와 아들과 성령의 이름으로 세례를 베풀고"

예수님은 가서 전도를 하여 제자로 삼았다면 그 사람에게 "세례를 베풀라"고 말씀하셨습니다. 우리가 세례를 베풀어야 하는 이유는 예수님께서 세례를 명령했기 때문입니다.

2) ______________를 받을 때 진정한 교인이 됩니다.

사도행전 18:8

"또 회당장 그리스보가 온 집안과 더불어 주를 믿으며 수많은 고린도 사람도 듣고 믿어 세례를 받더라"

사도바울은 고린도교회 성도들이 예수님을 믿을 때에 그들이 세례를 받았다고 증거하고 있습니다. 그러므로 예수님을 믿는 사람은 세례를 받아야 진정한 신자가 될 수 있습니다.

3) 세례를 통해 새로운 삶으로 ______________ 됩니다.

골로새서 2:12

"너희가 세례로 그리스도와 함께 장사되고 또 죽은 자들 가운데서 그를 일으키신 하나님의 역사를 믿음으로 말미암아 그 안에서 함께 일으키심을 받았느니라"

바울은 "세례는 예수님과 함께 죽고 다시 사는 것"이라고 말했습니다. 그러므로 우리는 세례를 받음으로 새로운 삶으로 변화될 수 있습니다. 세례를 받는 사람이 물 속에 푹 잠길 때 나의 옛 사람은 죽고, 물에서 다시 나올 때 새로운 사람으로 태어나는 것을 경험하게 됩니다.

※참고 감리교회에서는 교인을 4종류로 구분합니다.

(1) (   )

예배에 참석하지만 아직 세례를 받지 않은 사람을 원입인이라고 부릅니다. 원입인은 당회원이 될 수가 없고, 교인으로서의 특정한 자격과 권리를 행사하지 못합니다.

(2) (   )

5세 이하의 유아들에게 부모의 서약을 받고 세례식을 베푸는데, 이때 세례를 받은 아기들을 유아세례교인이라고 부릅니다. 이들은 나중에 18세가 되면 입교식을 통해 정식 입교인이 됩니다.

(3) (   )

6세부터 18세 사이에 세례를 받은 어린이와 청소년들이 여기에 해당됩니다. 이들은 18세 때 입교식을 통해 입교인이 됩니다.

(4) (   )

18세 이상의 세례를 받은 교인을 입교인이라고 부릅니다. 이들은 교인으로서의 특정한 자격과 권리를 갖게 됩니다. 이들은 교회의 당회원이 되고, 집사 직분을 받을 수 있는 자격을 갖게 됩니다.

나눔을 위한 질문

(1) 당신은 언제, 어느 교회에서, 어느 목사님에게 세례를 받았습니까? 당신이 세례와 관련하여 기억나는 것이 있다면 그것이 무엇인지를 나누어 보세요.

3. 철저히 훈련하십시오.

1) ________________을 위해서 반드시 훈련해야 합니다.

마태복음 28:20

"내가 너희에게 분부한 모든 것을 가르쳐 지키게 하라 볼지어다 내가 세상 끝날까지 너희와 항상 함께 있으리라 하시니라"

예수님께서 공생애를 마치고 하나님 보좌 우편으로 올라가셨지만, 예수님께서 하시던 사역이 지금까지 계속해서 지속될 수 있는 것은 예수님께서 제자들을 훈련하여 이 세상에 남겨두었기 때문입니다. 그러므로 제자를 철저하게 훈련하여 세우는 일이 계속되어야 합니다. 그래야 계속해서 재생산이 이루어질 수가 있습니다.

2) 우리교회는 가르쳐 지키게 하는 ______________을 진행합니다.

마태복음 28:20

"내가 너희에게 분부한 모든 것을 가르쳐 지키게 하라 볼지어다 내가 세상 끝날까지 너희와 항상 함께 있으리라 하시니라"

우리 교회에 등록하게 되면 새가족 교육을 받게 됩니다. 새가족 교육을 마치게 되면 계속해서 양육과 훈련을 받게 됩니다. 이런 훈련의 과정을 통해 사역자로 성장하여 교회를 섬기게 됩니다.

3) 철저하게 훈련될 때 ______________을 감당할 수 있습니다.

사도행전 6:3-4

"형제들아 너희 가운데서 성령과 지혜가 충만하여 칭찬받는 사람 일곱을 택하라 우리가 이 일을 그들에게 맡기고 우리는 오로지 기도하는 일과 말씀사역에 힘쓰리라 하니"

초대교회는 부흥하는 과정에서 사역을 효과적으로 수행하기 위해서 "일곱 집사"라는 직분자를 세웠습니다. 초대교회는 성도들 중에서 "성령과 지혜가 충만하게 훈련된" 일곱 명의 집사를 세우고 이들에게 사역을 맡김으로 큰 부흥을 이루게 되었습니다.

미국 출신의 스크랜튼 여사는 편안한 노후 대신에 지구 반대편에 있는 조선 땅에서 새로운 인생을 살기로 결심하고 의사 아들 내외와 함께 53세의 나이에 조선 땅에 들어왔습니다. 그리고 그의 헌신을 통해 여성 전문병원인 보구 병원이 세워졌고, 이화여자대학교가 세워지게 되면서 선교의 지경이 넓어지게 되었습니다.

스크랜튼 여사가 복음으로 철저하게 훈련되었기 때문에 우리나라에 선교사로 올 수가 있었고, 선교사의 사명을 감당할 수가 있었습니다. 만일 스크랜튼 여사가 철저하게 훈련되지 못했더라면 어려움이 찾아왔을 때 그는 사명을 감당하지 못하고 미국으로 돌아갔을 것입니다. 그러므로 철저하게 훈련될 때 사명을 감당할 수 있습니다.

4) 복음전파는 ________________이 끝나는 순간까지 해야 할 사명입니다.

마태복음 28:20

"내가 너희에게 분부한 모든 것을 가르쳐 지키게 하라 볼지어다 내가 세상 끝날까지 너희와 항상 함께 있으리라 하시니라"

우리는 우리의 생명이 끝나는 마지막 순간까지 복음을 전파해야 합니다. 이 일은 참으로 힘든 일입니다. 그러나 우리가 이 일을 할 수 있는 이유는 예수님께서 "내가 세상 끝 날까지 너희와 항상 함께 있으리라"고 약속하셨기 때문입니다. 우리의 힘으로는 불가능하겠지만 예수님께서 우리와 함께 하신다면 우리는 능치 못함이 없을 것입니다.

나눔을 위한 질문

(1) 당신이 신앙생활을 하면서 지금까지 받은 훈련이 당신에게 어떤 유익이 되었습니까? 당신이 받은 신앙훈련 중에서 가장 기억에 남는 훈련이 무엇인지 생각해 보고 나누어 보세요.

적용하기 복음을 전파해야 하는 이유

그리스도인은 그리스도 안에서 영적 생활의 풍성함을 다른 사람들도 누리도록 복음을 전파해야 합니다. 전도는 예수님을 믿는 사람들에게만 주신 특별한 사명이므로 우리들은 이 전도의 사명을 잘 감당해야 합니다.

(1) 전도는 하나님이 가장 (   )하시는 일입니다.

누가복음 15:7

"내가 너희에게 이르노니 이와 같이 죄인 한 사람이 회개하면 하늘에서는 회개할 것 없는 의인 아흔 아홉으로 말미암아 기뻐하는 것보다 더하리라"

(2) 전도는 하나님의 (   )입니다.

디모데전서 2:4

"하나님은 모든 사람이 구원을 받으며 진리를 아는 데에 이르기를 원하시느니라 "

(3) 전도는 예수님이 이 세상에 오신 (   )입니다.

마가복음 1:38

"이르시되 우리가 다른 가까운 마을들로 가자 거기서도 전도하리니 내가 이를 위하여 왔노라 하시고 "

(4) 전도는 예수님의 마지막 (   )입니다.

마가복음 16:15

"또 이르시되 너희는 온 천하에 다니며 만민에게 복음을 전파하라"

(5) 전도는 구원받은 자의 (   )입니다.

사도행전 20:24

"내가 달려갈 길과 주 예수께 받은 사명 곧 하나님의 은혜의 복음을 증언하는 일을 마치려 함에는 나의 생명조차 조금도 귀한 것으로 여기지 아니하노라"

(6) 전도하지 않으면 불신자가 (   )에 가기 때문입니다.

요한계시록 21:8

"그러나 두려워하는 자들과 믿지 아니하는 자들과 흉악한 자들과 살인자들과 음행하는 자들과 점술가들과 우상 숭배자들과 거짓말하는 모든 자들은 불과 유황으로 타는 못에 던져지리니 이것이 둘째 사망이라"

(7) 전도자에게 하나님의 (   )이 따르기 때문입니다.

다니엘 12:3

"지혜 있는 자는 궁창의 빛과 같이 빛날 것이요 많은 사람을 옳은 데로 돌아오게 한 자는 별과 같이 영원토록 빛나리라"

결단과 기도

(1) 당신이 복음을 전파하는 사명을 감당함에 있어서 가장 어려운 점이 무엇인지를 생각해 보고 나누어 보세요.

(2) 당신은 복음전파의 사명을 확신합니까? 그렇다면 당신이 앞으로 복음전파의 사명을 감당하기 위해서 결심한 것이 무엇인지를 나누어 보세요.

부록

성경공부 진행시 참고사항

1. 본 교재로 성경공부를 진행하는 방법

1. 본 교재 "확신있는 신앙생활을 위하여"는 성도들에게 확신있는 신앙생활을 가르치기 위하여 만들어진 초급 성경공부 교재(1단계)로 강의를 듣고, 들은 말씀을 함께 나누는 방식으로 구성되어 있습니다.

2. 본 교재로 소그룹 모임을 진행할 때에는 다음과 같은 순서로 진행하며, 1과의 소요시간은 80분~90분 정도입니다.
   *찬양(10분) – 기도(3분~5분) – 은혜받은 말씀 나눔과 성구암송(10분~20분) – 성경공부(50분) – 합심기도(5분~10분)

3. 본 교재로 일대일 모임을 진행할 때에는 기도(3분)를 시작으로 해서 소그룹 모임을 진행할 때와 똑같은 순서로 진행합니다.

4. 본 교재는 모두 10과로 되어 있고, 다음과 같은 방식으로 진행하시면 좋습니다.
   1) 서론은 각 과의 주제를 소개하는 예화이며, 리더가 읽습니다.
   2) 각 과는 3개의 대지로 구성되어 있으며, 각 대지는 다시 3개에서 5개 정도의 문장으로 나누어져 있습니다. 각 문장 밑에는 성경구절이 소개되어 있는데, 이 성경구절은 모든 소그룹 회원들이 한 목소리로 읽습니다.
   3) 대지를 설명하는 문장에는 밑줄(혹은 괄호)이 만들어져 있는데, 소그룹 회원들은 리더의 설명을 들으면서 밑줄(혹은 괄호) 속에 들어갈 단어를 채워주셔야 합니다. 이것은 성경공부에 대한 집중력을 높이기 위한 방법입니다.

4) 성경구절 밑에는 그 성경구절을 설명하는 내용이 있는데, 리더는 소그룹 회원들이 돌아가면서 이 내용을 읽게 하고, 핵심적인 내용을 중심으로 보충 설명을 해주세요.

5) 각 대지의 끝에는 나눔을 위한 질문이 있는데, 이 질문은 각 대지를 삶에 적용하는 질문이므로 리더는 소그룹 회원들이 돌아가면서 각자의 생각을 나눌 수 있도록 모임을 이끌어 주세요.

6) 각 대지를 시작할 때에 대지를 설명하는 글이 있는 경우가 있는데, 이 글은 가능하면 소그룹 리더가 읽어 주세요.

7) 각 과를 진행할 때에 네모 박스로 된 참고사항이 나오는데, 이 부분은 리더와 소그룹 회원들이 함께 진행합니다.

8) 각 과의 맨 끝에 나오는 결단과 기도는 각 단원을 마무리하는 질문입니다. 따라서 리더는 이 시간에 서로의 생각을 나누면서 성경공부를 마무리하시기 바랍니다. 그리고, 각 과별로 확신해야 할 기도제목과 소그룹 회원들의 개인 기도제목을 나누고 통성으로 기도합니다. 성경공부를 시작할 때는 소그룹 회원들이 기도를 하고, 성경공부를 마칠 때는 소그룹 리더가 기도해 주세요.

5. 나눔을 위한 질문은 소그룹 회원들과 돌아가면서 나누도록 합니다. 리더가 나눔을 진행할 때에 생각할 시간이 필요한 질문에 대해서는 먼저 본인의 생각을 나누시기 바랍니다. 나눌 때에는 옳고 그름을 따지거나 논쟁하지 않도록 주의하고, 리더와 소그룹 회원들은 경청하도록 합니다. 한 사람이 너무 오랜 시간을 나누게 되면 모임이 지루해질 수가 있기 때문에 리더는 나눔 시간을 1인당 5분 이내로 제한하여 모임을 인도해 주세요.

6. 매주 마다 준비 과제(p179)가 있는데, 리더는 소그룹 회원들이 과제를 꼭 해오도록 격려해 주세요.
   암기할 성경구절은 꼭 암기해야 하고, 읽어야 할 성경은 꼭 통독해야 합니다. 성경을 통독한 후에는 가장 감동이 되고 도전이 된 성경 구절을 준비해 와서 "은혜받은 말씀 나눔" 시간에 나누어야 합니다. 성경공부를 진행하는 동안 두 권의 책을 읽은 후에 독서보고서를 A4용지에 2~3장 분량으로 작성하여 제출해 주세요.

7. 리더는 소그룹 회원들을 위해 기도해야 합니다. 그리고, 교재를 철저하게 준비해야 합니다. 소그룹 회원들과 말씀을 나눌 때에는 반드시 그들의 말을 경청하고, 필요할 경우에는 간단한 멘트를 해주세요.

2. 성경공부 진행시 과제표

순번	교 재	성경 통독	성구 암송	독서 보고서
0	오리엔테이션			
1	1과	마1-14장	요한복음 5:24	
2	2과	마15-28장	요한일서 1:9	
3	3과	막1-8장	디모데후서 3:16-17	나는 죽고 예수로 산다
4	4과	막9-16장	요한복음 15:7	
5	5과	눅1-12장	히브리서 11:6	
6	6과	눅13-24장	요한삼서 1:2	
7	7과	요1-7장	고린도전서 10:13	
8	8과	요8-14장	잠언 3:5-6	주 안에서 사람은 바뀐다
9	9과	요15-21장	갈라디아서 2:20	
10	10과	평가	마태복음 28:19-20	
11	수료식			

3. 10대 확신 성경구절

1	내가 진실로 진실로 너희에게 이르노니 내 말을 듣고 또 나 보내신 이를 믿는 자는 영생을 얻었고 심판에 이르지 아니하나니 사망에서 생명으로 옮겼느니라 (요한복음 5장 24절)	3	모든 성경은 하나님의 감동으로 된 것으로 교훈과 책망과 바르게 함과 의로 교육하기에 유익하니 이는 하나님의 사람으로 온전하게 하며 모든 선한 일을 행할 능력을 갖추게 하려 함이라 (디모데후서 3장 16-17절)
2	만일 우리가 우리 죄를 자백하면 그는 미쁘시고 의로우사 우리 죄를 사하시며 우리를 모든 불의에서 깨끗하게 하실 것이요 (요한일서 1장 9절)	4	너희가 내 안에 거하고 내 말이 너희 안에 거하면 무엇이든지 원하는 대로 구하라 그리하면 이루리라 (요한복음 15장 7절)
5	믿음이 없이는 하나님을 기쁘시게 하지 못하나니 하나님께 나아가는 자는 반드시 그가 계신 것과 또한 그가 자기를 찾는 자들에게 상 주시는 이심을 믿어야 할지니라 (히브리서 11장 6절)	7	사람이 감당할 시험 밖에는 너희가 당한 것이 없나니 오직 하나님은 미쁘사 너희가 감당하지 못할 시험 당함을 허락하지 아니하시고 시험 당할 즈음에 또한 피할 길을 내사 너희로 능히 감당하게 하시느니라 (고린도전서 10장 13절)
6	사랑하는 자여 네 영혼이 잘됨 같이 네가 범사에 잘되고 강건하기를 내가 간구하노라 (요한삼서 1장 2절)	8	너는 마음을 다하여 여호와를 신뢰하고 네 명철을 의지하지 말라 너는 범사에 그를 인정하라 그리하면 네 길을 지도하시리라 (잠언 3장 5-6절)
9	내가 그리스도와 함께 십자가에 못 박혔나니 그런즉 이제는 내가 사는 것이 아니요 오직 내 안에 그리스도께서 사시는 것이라 이제 내가 육체 가운데 사는 것은 나를 사랑하사 나를 위하여 자기 자신을 버리신 하나님의 아들을 믿는 믿음 안에서 사는 것이라 (갈라디아서 2장 20절)	10	그러므로 너희는 가서 모든 민족을 제자로 삼아 아버지와 아들과 성령의 이름으로 세례를 베풀고 내가 너희에게 분부한 모든 것을 가르쳐 지키게 하라 볼지어다 내가 세상 끝날까지 너희와 항상 함께 있으리라 하시니라 (마태복음28장 19-20절)

4. 각 과별 밑줄(괄호)에 들어갈 답안

1) 1과 1–1)(성령), 1–2)(성령), 2–1)관심사, 2–2)성품, 3–1)말씀, 3–2)생명, 3–3)하나님, 3–(1)영생, 3–(2)심판, 3–(3) 사망/생명, 적용하기 (1)찬양, (2)기쁨/감격, (3)견고함

2) 2과 1–1) 하마르티아, 1–2)죄, 1–3)관계, 1–4)회개, 1–(1)돌아서는, 1–(2)버리는, 1–(3)채우는, 2–1)원죄, 2–2)한 번, 2–3)완전히, 2–4)죄사함, 3–1)회개, 3–2)속성/성품, 3–3)성령, 적용하기 (1)매일, (2)죄책감, (3)노력, (4)성령

3) 3과 1–1)감동, 1–2)기대, 3–3)찔림, 2–1)능력, 2–(1)새가족반 교육, 2–(2)크로스웨이, 2–(3)일대일제자훈련, 2–(4)리더십훈련, 2–2)무장, 3–1)변화, 3–2)사모/양육, 적용하기 (1)들어야, (2)읽어야, (3)묵상해야, (4)암송해야

4) 4과 1–1)거해야, 1–2)관계, 1–3)계명, 2–1)거하게, 2–2)약속/뜻, 2–3)의지, 3–1)응답, 3–2)조건, 3–3)성령충만, 3–(1)죄악, 3–(2)정욕, 3–(3)용서, 3–(4)불순종, 적용하기 (1)믿음으로, (2)부르짖어, (3)끝까지

5) 5과 1–1)순종, 1–2)순종, 1–3)순종, 2–1)욥, 2–2)세 친구, 2–3)바울, 3–1)믿음, 3–2)다윗, 3–3)열 두해, 3–4)가나안, 적용하기 (1)기쁨/평강, (2)기도응답, (3)세상/승리, (4)구원

6) 6과 1-1)사랑, 1-2)구원, 1-3)성장, 1-4)성령님/성령님, 2-1)범사,
2-2)범사, 2-3)유혹, 2-(1)육신의 정욕, 2-(2)이생의 자랑,
2-(3)안목의 정욕. 2-(1)정직, 2-(2)겸손, 2-(3)나눔/베풂,
3-1)건강, 3-2)치유자, 3-3)질병, 3-4)기뻐, 3-5)영혼,
적용하기 (1)의의 면류관, (2)선한/달려갈/믿음

7) 7과 1-1)시험, 1-2)아브라함, 1-3)요셉, 1-4)참으면, 1-(1)시련,
1-(2)유혹, 1-(3)테스트, 1-5)감당, 2-1)피할, 2-2)길, 2-3)기도,
3-1)감당, 3-2)40, 3-3)하나님, 3-4)고난, 3-5)겸손,
적용하기 (1)말씀/말씀, (2)믿음, (3)신뢰, (4)확신

8) 8과 1-1)신뢰, 1-2)욥, 1-3)선, 2-1)인도하심, 2-2)바울, 2-3)배설물,
2-4)이어령, 3-1)인도하심, 3-2)하나님, 3-3)자기, 3-4)이용규,
적용하기 (1)확신, (2)기도, (3)음성

9) 9과 1-1)옛 사람, 1-2)새로운, 1-3)변화, 1-4)방심, 1-5)열매,
2-1)예수님, 2-3)유기성, 3-1)믿음, 3-2)기준, 3-3)삭개오, 3-4)천국,
적용하기 (1)교회, (2)성장, (3)믿음, (4)영광

10) 10과 1-1)전도, 1-2)나가는, 1-3)수치심, 1-4)자랑, 1-5)성령,
1-(1)4영리, 1-(2)관계, 1-(3)노방, 1-(4)생활, 1-(5)간증,
2-1)세례, 2-2)세례, 2-3)변화, 2-(1)원입인, 2-(2)유아세례교인,
2-(3)세례교인, 2-(4)입교인, 3-1)재생산, 3-2)훈련, 3-3)사명,
3-4)생명,
적용하기 (1)기뻐, (2)소원, (3)이유, (4)유언, (5)사명, (6)지옥, (7)복